KB274286

생물다양성의
경제적 가치 평가

생물다양성의 경제적 가치 평가

❙ 신영철 지음

한국학술정보㈜

“이 저서는 2008학년도 대진대학교 연구년 지원에 의한 것임”

2008년에 다시 한 번 연구년을 가지게 되었다. 그동안 연구의 기회가 주어지면 이것저것 하다 보니, 관심의 영역은 넓어졌지만 특정 주제를 제대로 정리하지 못하고 있다는 생각이 종종 들었다. 그래서 이번에는 언제부터인가 관심을 가지게 된 '생물다양성의 경제적 가치 평가'라는 주제를 정리하고 싶었다.

연구년을 보낸 호주의 자연환경은 인간의 손을 타지 않으면 얼마나 아름다울 수 있는지를 보여주었다. 지금도 그때 마주했던 광경들을 떠올리면 그 당시의 감흥을 느낄 수 있다. 그런 자연환경에서 생물다양성의 경제적 가치 평가라는 다소 분석적인 주제가 부질없게 생각되기도 하였다. 길게만 느껴지던 연구년이 지나고도, 원래 마음먹었던 수준에 미치지 못한다고 생각되어 책의 발간을 늦추고 싶은 마음이 없었던 것도 아니다. 그러나 인생도 그렇지만, 항상 유한하기에 어느 선에서는 멈추어야 하지 않는가. 이번 연구에서 채우지 못한 부족함은 향후 연구의 또다른 출발점이라고 위안을 삼으려 한다.

　한번은 살아보고 싶은 도시 호주 멜버른(Melbourne)에서 연구를
진행하는 과정에서 도움을 받았던 한국환경경제학회 전회장인 문석
웅 교수님과 국회예산정책처의 최미희 박사에게 감사의 마음을 전
한다.

신 영 철

목 차

제6장　편익이전법 / 177

제1장 생물다양성과 가치

제1절 생물다양성

생물다양성(biological diversity)은, 미국 연방의회의 기술평가국의 정의에 따르면 지구상의 모든 살아있는 유기체(living organism)의 다양성과 변이성 및 그들의 생태학적 집합체(ecological complex)라고 정의된다. 즉 생물다양성이란 전 세계에 존재하고 있는 모든 종류의 동물과 식물, 그리고 그들의 유전자 및 생태계의 다양성을 의미한다. 그러므로 생물다양성 보호는 유전자(genes), 종(species), 생태계(ecosystem)의 다양성의 보호를 의미하게 된다.

따라서 생물다양성의 보전에 관한 연구는 유전자 다양성, 종의 다양성 및 생태계 다양성이라는 세 가지 구성요소에 관한 개별적 검토뿐만 아니라, 세 가지 구성요소들의 상호관계에 관한 분석까지 포함해야 한다. 유전자는 종의 구성요소가 되고, 종은 또한 생태계의 구성요소가 된다는 점에서 결국 이들 세 가지 구성요소는 상호의존적인 관계에 있다. 따라서 이 중 어느 한 요소의 다양성에 대한 연구만으로는 생물다양성의 전체적이고 포괄적인 이해를 얻기에는 부족하다.(과학기술처, 1996)

1. 유전자 다양성

유전다의 다양성(generic diversity)이란 모든 생명체의 가장 기본적인 구성요소인 유전자 정보의 다양성, 즉 개개의 종(種)의 차이를 식별하게 하는 정보의 다양성을 의미한다.

유전자의 미세한 변화는 종의 색체 또는 크기의 차이는 물론 질병이나 한발에 의한 내성의 차이를 가져올 수 있다. 이에 유전공학자들은 특정 동식물의 유전자 구성을 조작하여 새로운 종을 개발하고자 노력하고 있다. 그러나 이러한 유전공학은 인간의 입장에서 바람직하다고 생각되는 품종의 개발만을 중시하여 이른바 '열등한 종자'를 더 이상 보존하지 않음으로써 결국 유전자의 다양성을 상실하게 한다는 문제점을 야기한다. 예컨대 인류의 식량문제를 해결해 줄 수 있는 신품종이라 하더라도 어떤 특수한 질병이나 자연환경에 대해서는 취약성을 보이는 경우, 그 해결의 실마리는 다양한 유전자원에서 찾을 수밖에 없을 것이기 때문이다. 따라서 다양한 유전자원을 보전하는 것은 매우 중요하며 특히 지금까지 잘 알려지지 않은 야생종 및 그의 유전자는 현재까지 알려지지 않는 새로운 위협에 대응할 수 있는 유전자를 제공해 줄 수도 있다는 점에서 보호의 필요성이 더욱 요구된다고 할 것이다.

2. 종의 다양성

종의 다양성(species diversity)이라 함은 어느 지역에서 종의 수(species richness)를 의미하기도 하며, 또는 종 상호간의 관계(taxonomic diversity)를 의미하기도 한다. 이러한 종은 농업, 의학, 산업, 에너지 개발 등의 분야에서 이용되는 자원을 제공해 주며, 또한 기후의 안정, 토양과 수질의 보호, 지구 대기의 안정 등에 기여하고 있다.

학자들의 추정에 따르면, 우리 지구상에는 약 1,000만 종류의 종이 있으나 그 가운데 단지 140만 정도의 종만이 알려져 있다고 한다. 이에 많은 학자뿐만 아니라 각국 정부들도 지구상에 존재하는 생명체의 수를 파악하기 위하여 심혈을 기울이고 있으며, 유엔(UN)에서도 그 필요성을 인정한 바 있다. 종의 다양성에 대한 정확한 인식은 종의 다양성의 손실을 야기할 지도 모를 인간의 활동을 억제하여 각각의 종에 존재하는 무수한 유전자 다양성을 보전할 수 있게 된다는 점에서 그 의의를 찾을 수 있다.

3. 생태계 다양성

생태계 다양성(ecosystem diversity)이라 함은 서식지, 생물공동체 및 생태학적 과정의 다양성을 말한다. 특정의 생태계를 구성하고 있는 개개의 동식물 종은 당해 생태계에서 각기 필수불가결한 생태학적 기능을 담당하고 있다. 따라서 특정의 생태계에서 어느 하나의 종이 사라질 경우, 토양의 생산성 유지, 공기와 수질의 유지, 홍수의 통제, 병원균의 예방·통제 등과 같은 생태계의 다양한 능력에 치명적인 손산을 가져오기도 한다. 결국 생태계의 보전은 종의 보전과 밀접한 연관을 가지고 있다.

제2절 생물다양성의 가치[1]

　생태계에 대한 인류의 영향력이 늘어가면서 인간복지에 필수적인 생태계의 효용에도 더 큰 영향을 미치고 있다. 생태계의 효용은 식량공급 효용, 조절 효용, 지원 효용, 문화적 효용을 포함하고 있다. 구체적으로는 식품, 담수, 생명공학에 활용되는 유전정보, 농작물 가루받이, 수문학적 순환 유지, 홍수 및 가뭄 경감, 토양침식 방지, 대기 및 물 정화와 같은 기능들을 들 수 있다.

　생태계의 효용 감소는 종종 직·간접적으로 생물다양성(생태계, 생물종, 유전자)의 감소와 연관되어 있다. 예를 들어 식량공급기능의 경우, 생물다양성자원의 개발은 식량자원을 공급하는 생태계의 능력을 직접적으로 감소시킬 수 있다. 더욱이 생물다양성은 생태계 과정에서 필수불가결한 요소이다. 따라서 생물다양성의 감소는 궁극적으로 생태계의 조절 및 부양기능 유지능력에 영향을 미칠 수 있다.

　생태계 효용의 가치에 점점 더 많은 관심이 주어지고 있는 상황이고, 특히 생태계의 손실된 기능의 영향은 완화 내지 예방 비용의 형태로 분명하게 평가되고 있다. 이러한 맥락에서도 생물다양성의 역할은 생태계 효용의 주요 부분이다. 밀레니엄 생태계 평가(Millenium Ecosystem Assessment, MEA 2005)와 같은 선도적 연구들은 생물다양성과 생태계 효용의 경제적 가치를 증명하는 것을 목표로 삼고 있다.

　생물다양성과 생태계 효용 사이의 관계를 인식하고 주목하는 것

---

1) 국립산림과학원(2007) 254～261쪽 발췌·인용함.

은, 발생해서는 안 될 생태계 효용의 감소를 초래하는 생물다양성의 감소를 피하도록 이해당사자들을 설득하는데 중요한 역할을 하게 될 것으로 여겨지고 있다.

생태계 효용이란 사람들이 생태계로부터 입는 혜택을 말한다. 밀레니엄 생태계 평가(MEA)에 따르면, 생태계 효용은 네 가지 주요 범주, 즉 식량, 조절, 문화, 지원으로 분류된다.

〈표 1-1〉 생태계 효용의 분류

식량공급효용	• 식량과 섬유 • 연료 • 생화학, 자연약품, 제약 • 관상자원 • 담수 • 기타
조절 효용	• 대기질 유지 • 기후조절(기온 및 강수량, 탄소저장) • 수자원 조절(홍수 예방, 유거수의 시기조절 및 규모, 대수층 재충전) • 침식 제어 • 수질정화와 폐기물 처리 • 인간 재해의 조절 • 생물학적 제어(해충의 천적 감소) • 가루받이 • 폭풍 예방(허리케인이나 해일에 의한 피해) • 화재 방지(식생의 변화는 화재위험을 높임) • 산사태 예방 • 기타
문화적 효용	• 문화적 다양성, 정신적·종교적 가치, 교육적 가치, 감응, 미적 가치, 사회적 관계, 장소와 정체성 • 문화유산적 가치 • 휴양과 생태관광 • 기타
지원 효용	• 1차 생산 • 영양순환 • 토양형성 • 기타

생태계의 기능과 효용, 그리고 그 경제적 가치라는 개념에 대한 초기의 논의는 1960년대 중반과 1970년대 초반으로 거슬러 올라간다. 그러나 생태계 효용이라는 개념이 널리 사용된 것은 1990년대에 들어서였다.

생태계 효용으로부터 얻어지는 혜택은 그동안 정책 및 의사결정에 반영되지 않았다. 그 결과 많은 지역에서 생태계 효용이 심각하게 감소하거나 완전히 상실되는 현재와 같은 상황을 초래하게 되었다.

생태계의 효용 창출에 있어서 생물다양성의 역할은 두 부분으로 나눌 수 있다. 첫째, 생물다양성은 음식, 섬유, 연료 및 기타 추출 가능한 자원들의 원천으로서 직접적으로 이용된다. 둘째, 생물다양성은 생태계 과정에서 조절, 문화 및 지원 기능을 제공함으로써 중요한 역할을 한다. 예를 들어 식재(植栽)는 토양입자들을 연결하고 유수작용을 극소화함으로써 토양의 침식을 막는다. 또한 농작물 재배는 대개 곤충들의 수분작용 능력에 의존하고 있다.

생물다양성과 생태계 과정 간의 연결은 다원적이다. 생태계 과정은 특히 생태계 내의 기능적 다양성의 영향을 받는다. 기능적 다양성은 개별 종들이, 예를 들어 침식작용의 감소나 질소고정을 통한 토양 산출력 증진 등에 의해 생태계 활동에 얼마나 기여하고 있는가 하는 척도이다. 이는 생태계 과정과 관련 기능을 유지하는데 있어, 우점 및 핵심종의 효과를 포함한 생물종의 구성과 성격 및 종들 간의 상호작용이 종의 풍부함보다 대부분 중요하다는 것을 의미한다. 따라서 국지적이거나 기능적인 멸종, 또는 더 이상 생태계 과정에 기여할 수 없다고 말할 수 있을 만큼의 핵심종 개체수의 감소는 생태계 기능에 엄청난 영향을 미칠 수 있다.

그러나 생태계 과정 및 관련 기능의 유지는 또한 생태계의 많은 종들에 의존할 수 있다. 가령 다양한 환경적 동요에 서로 다르게 반응하는 일련의 종들을 확인할 수 있다면, 생태계 과정 중 비생물적 환경에서 일어나는 방해 작용 및 변종을 안정시킬 수 있다. 예를 들어 종의 풍부함은, 종종 외래종의 침략에 대한 생태계의 저항력을 떨어뜨리는 것으로 알려져 있다.

생물다양성과 생태계 기능은 몇 가지 서로 다른 종류의 가치를 가지고 있는데, 양쪽 모두 인간의 이해와 연결되어 있는 동시에 그로부터 독립되어 있다. 이 가치들의 이용은 생물다양성 및 관련 기능의 직·간접적 혹은 부가적인 사용과 연관되어 있다.

공급 효용의 가치는 종종 시장가격을 통해 분명하게 알 수 있는 반면, 생태계 과정의 일부로서 조절, 문화 및 지원의 기능을 제공하는 생물다양성의 중요성은 관습적으로 시장에서 파악되지 않는다. 또한 생물다양성의 변화와 관련된 여러 가지 비용들 및 관련 생태계 효용의 수준이 분명하게 드러나는 데에는 어느 정도의 시간이 걸리거나 변화가 일어난 곳에서 지리적으로 떨어진 곳에서 나타날 수도 있다. 이러한 변화에는 측정하기 어려운 생태계 안정성의 변화가 포함될 수도 있다.

생물다양성 및 생태계 효용 보존의 개인적 가치와 사회적 가치는 매우 다른 경우가 많다. 생물다양성과 생태계 효용의 사적인 이용가치는 일반적으로 보존의 외부적 편익을 간과한다. 그러나 사회적 관점에서는 이러한 외부적 편익의 변화가 중요하다. 예를 들어 개인의 관점에서 농업분야에서 토지를 집중적으로 이용하는 방식으로 이익을 얻을 수 있다. 그러나 사회적 관점에서 보면 과도한 영양물질 및 살충제로 인한 손실로 인해 큰 피해가 발생할 수도 있다.

일반적으로 공급기능의 일반적 가치는 평가를 받지만, 대부분의 지원적, 문화적, 조절적 기능의 경제적 가치는 거의 고려되지 못하고 있다. 왜냐하면 그와 같은 가치들을 평가하기 쉽지 않기 때문이다. 따라서 많은 결정들이 생태계 내부의 변화들에서 비롯되는 모든 비용, 위험 및 이득에 대한 분석 없이 이루어지고 있는 것이다.

제2장 가치평가의 이론적 기초

제1절 기본 모형

경제주체는 주어진 소득제약하에서 사적재와 비시장재화(예를 들어 환경질)의 수준을 선택하여 효용을 극대화하고자 한다. 그러므로 경제주체의 효용함수는

$$Max \ \ U = \ \ U(X, Q) \tag{2.1}$$

$$s.t. \ \ PX \leqq \ \ Y \tag{2.2}$$

로 표현된다.

이 때 X : 사적재 벡터, Q : 비시장재화의 수준, P : 사적재의 가격벡터, Y : 소득수준 이다.

이 경제주체의 효용극대화 1계 조건으로부터 마샬의 보통수요함수를 도출할 수 있다. 즉,

$$X_i = \ \ X_i(P, Q, Y) \tag{2.3}$$

이 때 비시장재화(환경질)가 사적재의 시장수요와 잠재적으로 관련된다면, 비시장재화 Q의 변화는 마샬의 보통수요함수가 이동하는 것으로 나타나게 된다.

한편 (2.3)식을 (2.1)식에 대입하면 다음과 같은 간접효용함수를

얻을 수 있다. 즉,

$$U = V(P, Q, Y) \qquad (2.4)$$

여기서 비시장재화의 공급량 변화 또는 질 변화는 이들 변수를
통해서 효용에 영향을 미친다.

(2.1)식을 만족시켜 주는 효용수준을 U_m이라고 하면 극대화의 쌍
대성에 의해

$$Min \ PX \qquad (2.5)$$
$$s.t. \ U(X, Q) \geqq U_m \qquad (2.6)$$

가 유도된다.

이 식의 1계 조건으로부터 지출함수 즉,

$$E = E(P, Q, U_m) \qquad (2.7)$$

를 도출한다.

그런데 이 지출함수에서 힉스의 보상수요함수 (2.8)식과 비시
장재화(예를 들어 환경질) Q의 변화에 따른 한계지불의사(WTP:
Willingness To Pay)함수 (2.9)식을 도출할 수 있다.

$$\frac{\partial E}{\partial P_i} = X_i^* = X_i^*(P, Q, U_m) \qquad (2.8)$$

$$-\frac{\partial E}{\partial Q} = W_i^* = W_i^*(P, Q, U_m) \tag{2.9}$$

그러므로 (2.9)식에서의 한계지불의사함수가 비시장재화의 공급량 변화 또는 질 변화에 따른 후생 변화를 화폐적으로 크기로 측정하는 개념이 된다.

제2절 비시장재화의 공급량 / 질 변화의 편익 측정

비시장재화는 환경재와 마찬가지로 공공재의 성격을 가지고 있어, 보통 정부가 질이나 양을 직접 통제하기 때문에 소비자가 소비량을 자유로이 선택할 수 없다. 이러한 경우 비시장재화(예를 들어 환경질)의 변화와 같은 비가격변화에 의한 편익은 힉스의 잉여 개념으로 측정할 수 있다.

순공공재의 가격이 0 이라고 가정하고 공공재의 공급이 Q_0에서 Q_1으로 증가하는 경우에 마샬의 소비자 잉여의 변화는 <그림 2-1>에서 (b + c)로 표시된다. 그런데 마샬의 소비자 잉여 개념이 기초하는 보통수요함수는 효용을 일정하게 유지하는 것이 아니라 소득을 일정하게 유지한다는 점에 문제가 있다.

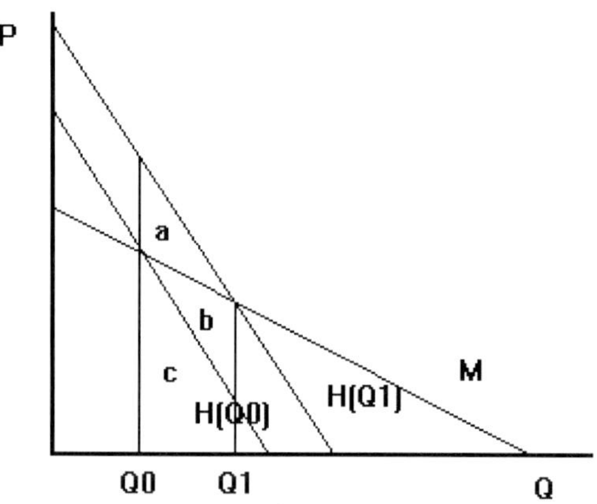

〈그림 2-1〉 비시장재화 공급량/질 변화의 편익 측정

반면에 힉스의 보상잉여(CS: Compensating Surplus)와 동등잉여(ES: Equivalent Surplus)는 소비자의 효용수준을 일정하게 유지하는 유리한 성격을 가지고 있다. 앞서와 마찬가지로 순공공재의 가격이 0이고 공공재의 공급이 Q_0에서 Q_1으로 증가하는 경우 <그림 2-1>에서 힉스의 보상잉여는 c 이고 동등잉여는 (a+b+c) 이다.

수질개선의 경우처럼 공공재의 양이 증가하는 경우에 보상잉여 (CS)는 최초의 효용수준을 유지하면서 공공재의 공급에 대해 기꺼이 지불하고자 하는 최대의 금액(maximun WTP)이다. 한편 수질악화의 경우처럼 공공재의 양이 감소하는 경우에 보상잉여(CS)는 최초의 효용수준을 유지하기 위해 기꺼이 수용하고자 하는 최소의

금액(minimum WTA: Willingness To Accept)이다. 이를 지출함수로
표시하면,

$$CS = E(P^0, Q^0, U^0) - E(P^0, Q^1, U^0) = Y_0 - Y_1$$

공공재의 공급이 증가하는 경우 보상잉여(CS)는 양(+)의 값을
가지게 되고, 공공재의 공급이 감소하는 경우에는 음(−)의 값을 갖
게 된다.

McKenzie(1983)와 Morey(1984)는, 정책을 결정할 때 힉스의 보상
잉여만이 유일한 해답이 아니므로 동시에 힉스의 동등잉여(ES)개념
을 사용할 것을 제안한다. 공공재의 공급 증가가 예정되어 있는 경
우, 공공재가 공급되지 않은 경우에 — 문제의 공공재 공급이 증가
하였을 때의 효용을 유지하면서 — 기꺼이 수용하고자 하는 최소
보상금액(minimum WTA)이다. 한편 공공재의 공급 감소가 예정되
어 있는 경우에는 소비자가 이러한 공급의 감소를 피하기 위하여
기꺼이 지불하고자하는 최대 금액(maximum WTP)이다. 이를 지출
함수로 표시하면,

$$ES = E(P^0, Q^0, U^1) - E(P^0, Q^1, U^1) = Y_0^* - Y_1^*$$

공공재의 공급 증가가 예상되는 경우에 동등잉여는 양(+)의 값
을 가지고, 공공재의 공급 감소가 예정되는 경우에 동등잉여는 음
(−)의 값을 갖는다.

제3절 지불의사금액과 수용의사금액

비시장재화의 공급량 / 질 변화에 대한 후생측정 개념 중 지불의사금액(WTP)과 수용의사금액(WTA: Willingness To Accept) 중 어떤 개념을 사용해야 하는가와 관련한 상당한 논란이 있었다. 그런데 1976년 Willig는 가격변화시 지불의사금액(WTP)과 수용의사금액(WTA)의 차이는, 소득탄력성의 함수이고 소득탄력성의 합리적인 값 범위에서 지불의사금액(WTP)과 수용의사금액(WTA)은 큰 차이가 없다라는 것을 보임으로써 이러한 논란은 상당히 해소되었다.

그러나 진술선호법(SP: Stated Preference method)[2]과 다른 비시장재화 편익측정방법들은 보통수요함수에 의존하기 때문에, 두가지 힉스적 후생측정 개념 사이의 차이를 설명하는데 직접적인 증거를 제공하는 것이 불가능했다. 진술선호법에 의해 구성된 시장(constructed market)[3]을 이용하여 지불의사금액(WTP)과 수용의사금액(WTA)을 직접적으로 측정할 수 있는데, 여러 실증 결과들은 이 두가지 측정값이 매우 큰 차이가 있음을 일치적으로 발견한다.[4]

이에 대해 Kahneman과 Tversky(1979) 같은 심리학자는, 사람들은 이득(gains)과 손실(loss)을 비대칭적으로 취급한다는 이론을 제기했다.[5] Randall과 Stoll(1980)는 Willig의 연구를 수량의 변화에까지

---

2) 응답자의 후생을 설문을 통해 직접 유도하는 비시장재화 편익측정방법으로 제5장에서 자세히 소개됨.

3) 구성된 시장으로는 가상적 시장(hypothetical market) 또는 가상적 모의시장(hypothetical simulated market)을 들 수 있음.

4) 진술선호법은 이론적으로 볼 때 힉스적 수요함수로부터 지불의사금액(WTP) 또는 수용의사금액(WTA)의 개념을 직접적으로 측정할 수 있음. 그렇다고 해서 진술선호법을 이용하는 경우 이러한 개념들을 실제로 정확히 측정할 수 있다는 것을 의미하지 않음. 대상 개념에 대한 정확한 측정의 문제는 진술선호법의 신뢰성(reliability) 및 타당성(validity)과 관련됨.

확대시켰고, Bockstael 과 McConnell(1980)은 코너해(corner solution)를 고려했다. 한편 Bishop 과 Heberlein(1979)은 이러한 차이가 진술선호법의 가상적(hypothetical) 성격과 관련된 것인지를 알아보는 실험을 했고, Coursey와 Hovis와 Schulze(1987)는 모의시장에서 반복된 실험을 통해 두가지 가치측정이 어떻게 변하는지를 관찰했다. 이와 같이 지불의사금액(WTP)과 수용의사금액(WTA)을 동시에 측정하려 했거나 두가지 사이의 차이가 매우 큰 것을 합리화하려는 많은 시도들이 이루어졌다.

이와 관련하여 Hanemann(1986)은, 수량의 변화에 따른 지불의사금액(WTP)과 수용의사금액(WTA)의 차이는 — Willig의 가격변화의 경우처럼 소득탄력성만에 의해서가 아니라 — $\dfrac{\text{소득탄력성}(\eta)}{\text{대체탄력성}(\sigma)}$ 에 의존한다는 것을 보였다. 대체탄력성(σ)은 개인의 효용을 일정하게 유지하면서 다른 사적재가 주어진 공공재와 얼마나 쉽게 대체될 수 있는 정도와 관련된다. 대체효과가 작으면 작을수록(즉, 공공재의 이용가능한 대체재가 작으면 작을수록) 그리고 소득효과가 크면 클수록(즉, 공공재에 대한 수요의 소득탄력성(η)이 크면 클수록) 지불의사금액(WTP)과 수용의사금액(WTA) 사이의 차이는 더욱 커지게 된다는 것이다. 역으로 만약 소득효과가 0 이거나 대체효과가 무한하다면 지불의사금액(WTP)과 수용의사금액(WTA)은 일치하게 된다. 만약 문제의 공공재가 유일하고 보통 크기의 소득탄력성을 갖는다면 지불의사금액(WTP)과 수용의사금액(WTA)의 차이는 매우 커질 수 있다. 즉, 지불의사금액(WTP)과 수용의사금액(WTA)의 차이가 가장 크게 되는 경우는 일반적으로 평가될 재화가 유일

---

5) 이를 전망이론(prospect theory)라고 부름.

할 때 발견된다. 이러한 Hanemann의 연구는 유일한 환경재의 경우 지불의사금액(WTP)과 수용의사금액(WTA)의 큰 차이가 발생할 수 있음을 인정한 것이다.(Carson, 1991)

그런데 일반적 견해는 수용의사금액(WTA)은 진술선호법을 사용하여 믿을만하게 측정될 수 없다는 것이다. 종종 수용의사금액(WTA)도 옳은 측정수단이지만 그것은 측정될 수 없기 때문에 연구자들은 대신에 지불의사금액(WTP)를 측정해야 한다는 의심스러운 논리에 근거하여 지불의사금액(WTP)를 선호하는 결정을 한다.[6] 한편 이에 대해 Mitchell과 Carson(1989)은 재산권(property right)에 기초할 때, 많은 경우에 지불의사금액(WTP)이 올바른 재산권을 배정하는 것이라고 주장한다. 예를 들어 주민들이 맑은 공기에 대한 권리를 소유한다고 생각할 수 있지만 맑은 공기를 유지하기 위해 전력시설의 설치를 반대하는 경우 이들은 더 높은 전기요금을 지불하게 된다. 그러므로 공공재의 변화로 인한 후생을 측정할 때 효과적인 재산권은 수용의사금액(WTA)이 아니라 지불의사금액(WTP)라는 것이다. 또한 수용의사금액(WTA)보다 지불의사금액(WTP)을 보다 적절한 측정수단으로 만드는 주요한 성격은 동일한 집단이 효과적으로 거래의 양측 즉, 편익을 향유하는 집단과 비용을 지불하는 집단을 형성한다는 점이라고 본다.

〈표 2-1〉 비시장재화의 공급량/질 변화의 후생 측정

후생 측정	공급량 증가(질 개선)	공급량 감소(질 악화)
CS(보상잉여)	획득 위한 WTP	수용 위한 WTA
ES(동등잉여)	포기 위한 WTA	회피 위한 WTP

---

6) U.S. Department of Interior(1986)는 자연자원의 손실 평가지침으로 이러한 논리를 채택하고 있음.

제3장 비시장재화 가치측정법

제1절 비시장재화의 가치

비시장재화의 가치는 비시장재화의 공급량 / 질 변화로 인해 발생하는 각 개인의 만족도나 후생의 증대분을 화폐액으로 환산한 것을 의미한다. 비시장재화의 가치는 이렇게 각 개인별 후생의 증대를 통해 측정할 수도 있고, 각 개인의 후생을 변화를 합산하여 사회전체를 기준으로 하는 편익을 추정할 수도 있다.

비시장재화의 가치를 추정할 수 있는 이론적 근거는 자신의 만족도를 극대화하기 위해 경제행위를 하는 각 개인은 서로 다른 재화나 서비스 혹은 소득의 조합을 달리하여 동일한 수준의 만족도나 후생 혹은 효용을 유지할 수 있다는 데 있다. 즉 각 개인은 자신의 소득을 이용하여 비시장재화 외의 다른 소비재를 소비하여서도 만족도를 얻고, 또한 동시에 비시장재화로부터도 만족도를 얻는다. 따라서 비시장재화의 공급량 / 질이 변하면 만족도 역시 변하겠지만, 소득이 이에 반응하여 적절히 변화하면 비시장재화의 공급량/질의 변화에도 불구하고 동일한 만족도를 유지할 수가 있다.

예를 들어 수질관련 정책의 시행 결과 한강 수질이 현재보다 개선된다고 가정하자. 앞서 언급한 이론적 근거에 따라 각 개인은 환경재의 소비뿐 아니라 소득수준으로부터도 효용을 얻는다고 볼 수 있으므로 한강수질이 개선되는 대신 개인의 소득이 어느 정도 변하면 환경정책 도입 전과 도입 후에 동일한 효용을 얻을 수 있는

지를 추정하여 환경개선으로 인해 발생한 후생증대분을 화폐액으로 환산할 수 있다.

이러한 편익추정은 각각 비시장재화 공급량/질 변화 전과 변화 후에 발생하는 효용을 기준으로 하는 두 가지 지표를 이용해 이루어질 수 있다. 먼저 비시장재화 공급량/질 개선 사업의 경우 각 개인의 소득이 변하지 않을 경우 비시장재화 공급량/질 변화 전의 후생수준(이나 효용)보다는 개선 후의 후생수준(이나 효용)이 더 크다. 이 경우 비시장재화 공급량/질이 개선되면 개선 전에 비해 효용이 더 커지지만 비시장재화 공급량/질 개선 후에도 효용이 원래수준에 머무르도록 하기 위해서는 각 개인의 소득이 어느 정도나 줄어들어야 하는 지를 측정하여 비시장재화 공급량/질 변화의 편익을 계산할 수 있다. 이 때 측정되는 금액은 각 개인으로 하여금 원래 수준의 만족도만을 얻게 하면서 비시장재화 공급량/질 변화의 대가로 정부가 가져갈 수 있는 금액을 나타내므로 각 개인의 비시장재화 공급량/질 변화에 대한 지불의사(willingness to pay, WTP)라 볼 수 있다.(김일중 외, 2007)

비시장재화의 편익은 관련 정책으로 인해 비시장재화의 공급량 증가/질 개선으로 물리적 편익이 증대되거나, 아니면 비시장재화의 공급량 감소/질 저하로 인한 피해가 감소하기 때문에 발생한다. 비시장재화의 편익이란 비시장재화의 공급량 증가/질 개선으로 인한 물리적 변화를 화폐가치로 환산한 것이라 할 수 있다.

제2절 비시장재화의 가치 유형

공공재의 성격을 가진 비시장재화의 공급량/질 변화 편익에는 주어진 변화로 정당하게 발생하는 모든 편익을 포함해야 한다. 이러한 입장을 총가치 접근법(total value approach)[7]이라고 한다. 불확실성을 고려하지 않는 경우에 비시장재화의 공급량/질 변화 편익은 사용가치(use value)와 비사용가치(nonuse value)[8](존재가치)로 분류할 수 있다.

한편 불확실성을 고려하게 되면 힉스안 보상잉여 또는 동등잉여로서의 총편익 개념이 이와 유사한 유형인 선택가격(option price)으로 바뀌게 된다. 불확실성하에서는 확실성하에는 없던 선택가치(option value)와 준선택가치(quasi – option value)의 개념이 등장하게 된다. 이에 대한 최근의 연구[9]에 따르면, 선택가치와 준선택가치를 분리된 편익범주로 구분하기 보다는 조건부시장 상황을 잘못 이해하는 경우에 발생하는 차이를 조정해 주는 요소로서 고려한다.

1. 사용가치와 비사용가치

사용가치란 공공재를 물리적으로 이용한다고 기대되는 경제주체들에게 직·간접적으로 현재 발생하는 편익을 동틀어 일컫는다. 반

---

7) Randall과 Stoll(1982), Boyle과 Bishop(1985)

8) 사용가치는 이용가치, 비사용가치는 비이용가치로도 번역되어 사용됨.

9) Chavas, Bishop, & Segerson(1986), Plummer & Hartman(1986), Smith(1986, 1987), Smith & Desvouges(1986), Fisher & Hanemann(1986).

면에 존재가치 또는 수동적 사용가치(passive use value)라고도 불리는 비사용가치[10]는 공공재의 직·간접적 이용과 관련되지 않은 여러가지 이유로부터 발생하는 편익을 말한다. 즉, 사람들이 어떤 방식으로 쾌적성에 의해 물리적으로 영향받기 때문에 발생하는 사용가치와는 달리, 비사용가치는 위락장소의 보존이나 개선으로부터의 효용을 얻기위해 위락장소를 방문할 필요가 없다는 관념과 관련된다.[11]

예를 들어 강의 수질개선으로부터 발생하는 편익유형[12]을 분류해 보면, 우선 사용가치에 속하는 편익은 크게 직접사용편익과 간접사용편익 유형으로 구분할 수 있다. 한강의 수질개선으로 인한 직접사용편익에는 강물의 흐름을 이용한 수상위락활동 또는 어업이나 항해 등으로부터 발생하는 유형과 강물을 다른 곳으로 이전하여 사용하는 것으로서 농업관개수, 산업용수, 음용수의 이용으로부터 발생하는 유형을 들 수 있다. 한편 간접사용편익에는 수질개선으로 인하여 강과 관련있는 행위를 간접적으로 고양시키거나 쾌적성을 증가시키는 경우에 발생한다고 볼 수 있다. 즉, 수질개선이 수중 및 강변 생태계와 서식처를 회복시켜 낚시 등의 활동을 가능하게 해주는 경우와 강변산책이나 강의 경치를 조망할 때 심미적으로 만족스러운 배경을 공급하는 경우에 발생한다.

---

10) 비사용가치에 대한 최초의 연구는 Randall, Ives, & Eastman(1974)의 Four Corners area의 대기질에 대한 연구임.

11) 이러한 개념은 Krutilla & Fisher(1975)에서 제시됨.

12) 수질개선으로부터 발생하는 편익유형에 대한 분류는 Mitchell & Carson(1989), pp. 59 - 69 참조.

편익유형	편익 범주	편익 소범주	예
사용가치	직접사용가치	강물흐름이용	수상위락활동, 낚시,항해
		강물이전사용	생활용수, 농업용수,산업용수
	간접사용가치	심미적	강변위락활동, 조망
		생태계 유지	위락활동제고, 생태계 유지제고
비사용가치 (존재가치)		대리소비	관련된 사람들의 소비
			일반 대중의 소비
		청지기	자연환경의 보존(고유가치)
			다음세대에게 물려줌(유증가치)

한편 수질개선의 경우에 발생하는 비사용가치는 크게 대리소비가치(vicarious consumption value)와 청지기가치(stewardship value)로 분류할 수 있다. 대리소비가치란 자신과 관련있는 사람 혹은 일반대중들이 수질개선으로 인해 발생하는 여러가지 서비스를 소비한다는 것을 아는 경우에 발생하는 효용을 지칭한다. 한편 청지기가치는 유증가치(bequest value)와 고유가치(inherent value)로 나눌 수 있다. 개선된 자연환경을 가족이나 다음 세대가 미래에 즐길 수 있도록 물려준다는 것에서 발생하는 효용을 유증가치라 한다. 한편 고유가치는 자연환경의 쾌적성 그 자체가 누구에게 이용되는지 여부와 상관없이 자연환경의 쾌적성이 보존되는 것으로부터 느끼는 효용을 말한다.

그런데 사용가치에 속하는 직접사용가치와 간접사용가치를 구분해서 독립적으로 측정하는 것이나, 사용가치와 비사용가치를 구분해서 독립적으로 측정하기는 힘들다. 왜냐하면 조건부가치측정 상황에서 응답자들은 수질개선으로 인한 여러가지 편익을 유형별로 구분해서 인식하고 이를 합산하는 과정을 거치기보다는 주어진 수질개선으로부터 얻게되는 편익을 종합적으로 판단하기 때문이다.

2. 선택가치와 준선택가치

응답자들이 주어진 쾌적성을 미래에 향유하기를 원하는지 또는 주어진 계획이 실제로 요구되는 수준의 환경질을 공급할 수 있는지에 따른 불확실성이 존재할 수 있다. 이러한 불확실성은 국립공원을 파괴하여 복구불가능한 선택을 하게 되는 경우에 더욱 더 중요하게 작용한다.

불확실성을 도입하는 경우에 시간적 순차성을 고려하지 않을 때는 선택가치, 시간적 순차성을 고려하는 경우에는 준선택가치가 발생하는 것으로 Weisbrod(1964)는 분류한다. 선택가치는 미래 특정 시점에서 특정한 가격으로 재화를 구매할 수 있는 기회를 보장하는 계약에 지불하고자 하는 금액이다. 이는 미래의 기호, 소득 또는 공급에 대한 불확실성을 보상받기 위한 위험할증료로 생각할 수 있다.[13]

Weisbrod는 개인이 미래에 실제로 이용하게 될지 확실치 않은 환경재를 자신이 이용할 때까지 존재할 수 있도록 하기 위해 지불하고자 하는 금액을 선택가격(option price)이라 정의하고, 이를 불확실한 환경재의 가치라고 보았다. 그에 의하면, 선택가격은 환경재 이용의 기대 소비자잉여보다도 항상 더 크고, 양자 사이의 차이가 바로 선택가치이다.[14]

나아가 Krutilla(1967)는 자연환경을 보존하여 자연환경의 이용기

---

13) Cicchetti & Freeman(1971), Krutilla & coauthors(1972), Schmalensee(1972), Bohm (1975), Anderson(1981), Graham(1981), Bishop(1982), V.K. Smith(1983, 1984, 1987), Mendelsohn & Strang(1984), Freeman(1984b), Plummer & Hartman(1986) 참조.

14) 즉, 선택가격(OP) = 선택가치(OV) + 기대 소비자잉여임.

회를 보유하는 것은 일종의 공공재적인 성격을 지니기 때문에 자연환경 이용의 기대 소비자잉여가 자원환경의 가치를 모두 반영할 수 없고, 따라서 선택가치가 존재한다는 논리를 전개하였다.

이상과 같이 선택가치에 관한 초기의 논의들은 이용여부가 불확실한 환경재의 경우 선택가치가 존재하고, 또한 선택가치는 항상 양의 값을 지니며, 환경재의 편익을 정확히 계측하기 위해서는 선택가치를 편익분석에 포함하여야 한다고 결론지었다. 그러나 선택가치에 관한 추가적인 연구결과, 선택가치는 불확실성하에서 의사결정을 하는 소비자 행위론의 관점에서 볼 때 이론적인 취약점을 가지고 있으며, 또한 선택가치는 존재한다고 하여도 반드시 양의 값을 가지지는 않는다는 사실 등이 밝혀진 바 있다.[15] 아울러, 선택가치를 실제로 계측하기 위해서는 선택가격과 기대 소비자잉여를 모두 계측하는 것이 필요하기 때문에 선택가치를 실제로 측정하는 것도 매우 힘들다고 할 수 있다.[16]

한편 준선택가치란 한번 행해진 이후에는 보다 나은 정보를 가진 결정을 할 수 있는 기회를 잃어버리는 것을 지연시키기 위해 지불하고자 하는 위험할증료이다.[17] 이러한 준선택가치 개념은 소비자가 자신이 원하는 바를 알고 있다는 사실과 주어진 행동의 결과가 불확실하다는 사실과 이후에 보다 나은 결정을 하게 해 주는 더 많은 정보들이 이용할 가능성이 있다는 것을 가정하고 있다. 그러므로 준선택가치란 특별한 행동수행을 좌우하는 정보의 가치라고

---

15) 이에 관해서는 Freeman(1993) 8장을 참조하기 바람.

16) 김일중 외(2003), 45~46쪽의 내용 인용함.

17) Arrow & Fisher(1974), Henry(1974), Krutilla & Fisher(1975), Conrad(1980), Freeman (1984a), Miller & Lad(1984), Fisher & Hanemann(1985a, 1985b, 1986, 1987), Graham - Tomasi(1986) 참조.

생각될 수 있다.

준선택가치를 간단한 예를 들어 설명해 보자.[18] 어떤 하천이 있고, 이 하천의 생태적인 가치가 현재는 0이라 가정하자. 그러나 미래에는 이 하천지역의 생태계로부터 유용한 물질을 얻을 가능성이 있으며, 이 경우 생태계가 연간 100억원의 물질을 제공한다고 가정하자. 현재로서는 생태계의 가치가 없지만 현재 이 지역 생태계에 관한 연구가 진행중이어서 1년 후에는 이 생태계의 가치가 있는지 없는지를 정확히 알 수 있다고 가정하자. 1년 후에도 이 생태계의 가치가 없는 것으로 밝혀지면 그 후로도 이 생태계의 가치는 없으며, 1년 후에 가치가 발견되면 연간 100억원의 유용한 물질을 지속적으로 공급하게 된다. 1년 후에도 이 생태계가 가치가 없는 것으로 판정될 확률이 0.5이고, 반대로 유용한 물질이 발견될 확률이 0.5이다. 한편, 이 지역에 댐을 건설하면 올해에 댐 건설비로 1,600억이 지출되어야 하고, 댐건설과 동시에 연간 200억원어치의 전력을 생산할 수 있다. 연간 이자율은 10%라 하자.

위와 같은 상황에서 올해 댐을 건설할 경우에 얻게 되는 기대 가치는 다음과 같다.

$$-1,600 + \sum_{t=0}^{\infty} \frac{200}{1.1^t} = 600\,(억\,원)$$

올해에 댐을 건설하지 않고 생태계를 그대로 보존할 경우 얻게 되는 기대 가치는 다음과 같다.

---

18) 이 예는 권오상(1999)에서 따온 것임. 김일중 외(2003) 46~47쪽에서 재인용.

$$0 + 0.5 \sum_{t=1}^{\infty} \frac{100}{1.1^t} = 500(\text{억 원})$$

따라서 올해에 댐을 건설할 경우 얻게 되는 기대 가치가 더 크기 때문에 위와 같은 상황에서는 댐을 건설하여야 한다. 한편 위와 같이 현 수준에서의 기대 가치만을 비교하여 의사결정을 하지 않고, 먼저 1년을 더 기다린 뒤 1년 후에도 생태계의 가치가 없을 경우에는 댐을 건설하고, 그 반대의 경우에는 생태계를 보존하기로 한다고 가정하자. 이러한 의사결정으로부터 얻을 수 있는 기대 순편익은 다음과 같다.

$$0 + 0.5\left(-\frac{1,600}{1.1} + \sum_{t=1}^{\infty} \frac{200}{1.1^t}\right) + 0.5\left(\sum_{t=1}^{\infty} \frac{100}{1.1^t}\right) = 773(\text{억 원})$$

따라서 단순히 생태계를 유지할 경우의 기대 가치와 댐을 건설할 경우의 기대 가치를 비교하여 의사결정을 하지 않고, 위와 같이 비가역적인 의사결정을 뒤로 미루어 추가적인 정보를 얻은 후에 의사결정을 하면 환경재의 이용으로부터 보다 높은 기대 가치를 얻을 수 있다. 위의 예에서 773억원에서 600억원을 빼준 173억원이 바로 추가적인 정보가 얻어질 때까지 자연을 개발할 수 있는 기회를 사용하지 않고 계속 보유하는 것에 수반된 가치이기 때문에 준선택가치라고 볼 수 있다.

제3절 비시장재화 가치평가방법

비시장재화의 가치측정방법은 <표 3-2>에 나와 있듯이, 크게 현시선호방법(revealed preference method, RP)과 진술선호방법(stated preference method, SP)으로 분류할 수 있다. 이와 더불어 기존 연구의 결과물을 이용하는 편익이전법(benefit transfer method, BT)도 비시장재화의 가치측정방법의 하나로 생각할 수 있다.

이들 세 가지 방법은 모두 각 개인이 자신의 만족도를 극대화하기 위해 행하는 행위를 분석하여 비시장재화의 편익을 추정하는 방법이다. 한편 하천복원사업에 의해 제공되는 서비스를 다른 인위적인 방식으로 대체할 때 소요되는 비용을 하천복원사업의 편익으로 평가하는 대체비용법(replacement cost method)은 경제학적 근거가 없는 방식이다.(김일중 외, 2003: 53)

〈표 3-2〉 편익 추정의 접근법

접근법	주요분석모형	적용대상
시장적 방법	• 피해함수(damage function) • 생산함수(production function) • 비용함수(cost function)	• 식량, 연료, 목재, 섬유 등 생태계가 제공하는 시장적 편익
현시선호법	• 휴양수요모형(recreational demand models)	• 휴양가치, 경관가치
	• 특성임금모형(hedonic wage model)	• 사망위험성 감소, 질병위험성 감소
	• 특성가격모형(hedonic price model)	• 쾌적함, 휴양가치, 경관가치
	• 회피행위모형(averting behavior model)	• 사망 및 질병위험성, 쾌적함, 휴양 및 경관, 생태계보존, 시설물보존
진술선호법	• 가상가치평가법 / 조건부가치평가법 (contingent valuation method, CVM)	• 모든 종류의 편익
	• 가상순위평가법(contingent ranking method, CRM) 혹은 선택실험법(choice experiment)	• 모든 종류의 편익
편익이전법	• 점추정치의 편익이전 • 함수의 편익이전	• 모든 종류의 편익

현시선호방법은 시장에서 평가되지 않는 재화에 대하여 그와 관련된 시장에서 발생하는 변화를 분석하여 대상 비시장재화에 대한 지불의사를 도출하는 방식이다. 예를 들어 하천복원사업으로 하천변을 방문하는 사람들이 많아지는 경우 사람들의 방문행위에 대한 분석을 통하여 하천복원사업의 편익을 추정할 수 있다. 현시선호방법은 소비자들이 실제로 선택한 행위를 분석하기 때문에 가상적 상황에서의 행위를 분석하는 진술선호법에 비해 많은 장점을 지니고 있다. 그러나 이 방법은 대상 비시장재화의 이용과 관련된 행위를 변화시키는 것이기 때문에, 대상 비시장재화의 비이용가치를 측정할 수 없다는 단점을 가지고 있다.

현시선호방법에는 휴양수요모형(recreational demand model)과 특성함수모형(특성임금모형(hedonic wage model) 및 특성가격모형(hedonic price model)), 회피행위모형(averting behavior model)이 포함된다.

휴양수요모형은 하천복원사업에 의해 개선된 하천변을 주로 위락활동을 위해 방문하는 행위를 분석하여 하천복원사업의 편익을 추정하는 것으로, 여행비용법(travel cost method)과 확률효용모형(random utility model)에 기초하고 있는 여행지역선택모형이 있다.

특성함수모형에는 특성임금모형과 특성가격모형이 있다. 특성임금모형은 임금함수를 분석하여 여러 가지 특성별로 임금에서 차지하는 가치를 추정하는 방법이다. 특성가격모형은 예를 들면 주택의 가격에 대한 정보를 활용하여 주택의 가치를 구성하고 있는 다양한 특성들의 가치를 측정하는 방법이다. 하천복원사업에 의해 주변의 주택가격이 상승한 경우를 생각할 수 있는데, 주택가격을 구성하고 있는 다양한 특성들과 함께 하천복원사업으로 변화된 환경에 대한 변수를 포함하면 주택가격을 분석하여 하천복원사업의 편익을 추정할 수 있다.

한편 회피행위법은 특정 위험이나 상황을 회피하기 위해 개인들이 취한 예방적 수단들을 검토한다. 대기오염을 회피하기 위한 회피행위의 예로서 마스크 착용이나 에어컨 설치를 들 수 있고, 음용수 오염을 회피하기 위한 회피행위의 예로서는 시판생수 구입이나 정수기 설치를 들 수 있다. 회피행위의 기본적 이론은 개인들이 원하지 않은 대상을 회피했을 때의 편익이 회피행위에서 발생하는 비용보다 큰 경우에만 예방적 조치를 취한다는 것이다. 그러므로 방어적 조치들을 위해 지출한 금액은 개인들의 지불의사금액의 추정치로 간주될 수 있다. 그러나 회피행위법을 적용할 경우 관찰되는 많은 회피행위들이 여러 가지 다른 요일들에 의해 영향을 받고 있을 가능성이 높다는 사실을 분명히 감안해야 한다. 예를 들면 개인들이 시판 생수를 구입하는 것은 편리하고 맛이 좋기 때문일 수 있다. 그러므로 음용수로서의 안전성에 대한 가치를 시판생수의 구입행위로부터 추정하고자 하는 경우, 다른 요인들에 의한 부수적 편익들의 가치와 분리하여 추정할 수 있어야 한다.

진술선호법은 가상적 상황에서 재화에 대한 개인들의 지불의사금액(WTP)를 결정하는 설문조사를 진행하여 하천복원사업에 대한 가치평가를 할 수 있다. 이 경제적 가치측정 방법은 특정한 비시장재화의 총가치를 포착할 수 있다. 또한 가상적 상황은 대부분의 어떤 재화에 대해서도 구축될 수 있기 때문에, 진술선호법은 대부분 어떤 대상에 대해서도 유연하게 적용될 수 있다는 장점을 가지고 있다. 가장 일반적인 진술선호법에는 조건부가치측정법(contingent valuation method, CVM)과 선택실험법(choice experiment method, CE)이 있다.

조건부가치측정 설문조사는 개인이 대상 재화에 대해 그들의 지불의사금액(WTP)을 진술하는 가상적 상황을 구축한다. 예를 들어, 특정한 하천복원사업을 위해 추가로 일정한 금액의 세금(또는 기부금)을 지불할 의사가 있는지 여부를 질문한다. 만약 질문에 대해 '예'라고 답변하는 경우는 응답자의 지불의사금액이 제시한 일정금액 이상임을 알 수 있다. 그러나 조건부가치측정 설문조사는 가상적 질문에 대해 가상적 답변만을 유도하고 있기 때문에, 관련 전문가에 의한 세심한 설문 설계와 더불어 적합한 계량 모형에 의한 분석이 필요하다.

한편 선택실험법은 먼저 마케팅 분야에서 컨조인트 분석(conjoint analysis)라는 방법으로 개발되어 환경분야에 최근에 적용된 가치평가 기법이다. 선택실험법에서는 응답자들이 2~3가지 선택대안들에서 가장 선호하는 대안을 선택하도록 질문한다. 하천복원사업의 경우 하천복원사업의 주요 속성들의 수준을 달리하여 결합한 선택 대안들을 제시하고, 응답자들이 그 중에서 한 가지를 선택하도록 하는 것이다. 분석자는 하천복원사업에 대한 지불의사금액을 하나의 속성으로 포함시키고 다른 속성들의 수준과 결합한 선택대안에 대한 응답자의 실제적 선택행위를 분석한다. 이러한 분석으로부터 하천복원사업의 다양한 속성들 및 속성의 수준들 사이의 어떤 상충관계가 개인에게 선호되는지를 찾아낼 수 있다. 선택실험법에서 응답자의 인지 과정은 조건부가치 측정 설문에서 보다 더욱 직관적이긴 하지만, 응답자들이 고려해야 할 선택대안의 속성 및 수준에 대한 판단을 하여야 하기 때문에 인지적 어려움이 있다고 지적되기도 한다. 그러므로 조건부가치측정법과 마찬가지로 전문가에 의한 세심한 설계와 분석이 필요하다.

편익이전법은 시간과 예산의 제약을 감안할 경우, 새로운 가치평가 분석이 바람직하긴 하지만 불가능할 때 이용될 수 있는 방법이다. 편익이전은 기존의 연구가 이루어진 연구 지역(study site)에서의 지불의사금액의 추정치를 적절한 조정을 하여, 관심의 대상이 되고 있는 정책 지역(policy site)에서의 지불의사금액으로 이용하는 방법이다. 일반적으로 이용되는 편익 이전으로는 점 추정치의 이전 방법 또는 함수의 이전 방법이 있다. 두 가지 방법은 기존 단일 연구 또는 기존 연구들의 메타 분석에 기초해서 이루어질 수 있다.

점 추정치 이전은 기존 연구에서 추정된 지불의사금액의 단일 '점' 추정치 또는 지불의사금액 추정치들의 평균을 이용하는 것이다. 점 추정치는 연구 지역에서의 비시장재화의 가치에 대한 대푯값을 제공해 준다. 그러나 점 추정치의 이전은 소득, 연령, 교육 등과 같은 인구 특성의 차이에 대해서는 고려하지 못한다는 약점을 지니고 있다. 점 추정치의 이전이 적절하게 되기 위해서는 최소한 연구 지역과 정책 지역 사이의 1인당 소득의 비율을 이용한 조정할 필요가 있다.

한편 지불의사금액 함수는 일반적으로 소득, 연령, 교육, 재화에 대한 경험, 환경에 대한 선호 등과 같은 응답자의 특성들을 독립변수로 포함시켜 분석한다. 지불의사금액함수를 이용하여 편익 이전할 경우에는 새로운 정책 지역의 인구 특성을 고려한 지불의사금액의 조정이 가능하다. 점 추정치의 편익 이전은 암묵적으로 연구 지역과 정책 지역의 인구의 특성이 유사하다고 가정하고 있는 것이지만, 지불의사금액함수에 의한 편익 이전은 새로운 목표 인구의 특성을 감안한 지불의사금액의 명시적인 조정이 가능하다는 장점을 지니고 있다.

제4장 현시선호법

제1절 개 요

현시선호법은 시장에서 실제 선택으로부터 비시장재화의 가치를 도출한다. 비시장재화에 대한 가치는 특정 이론 모형을 적용하여 실제 구매 행위(구입 가격과 구매량)의 자료를 분석하여 얻어진다. 여기에는 크게 여행비용접근법(travel cost method, TCM), 특성함수접근법(hedonic function method, HFM), 회피행위접근법(averting behavior method, ABM)이 있다.

여행비용접근법(TCM)은 휴양행위 또는 휴양행위와 결합된 자원의 사용가치 추정에 이용된다. 특성함수접근법(HFM)은 주택 가격 또는 임금에 대한 분석을 통하여 환경질 또는 사고 위험 / 사망 위험의 가치 추정에 사용된다. 회피행위접근법(ABM)은 불쾌감 혹은 부정적 영향을 회피하기 위하여 지출하는 행위에 분석의 초점을 맞춘다.

현시선호법은 진술선호법과는 달리 이용하는 자료에 있어 차이가 있다. 진술선호법의 경우는 비시장재화의 가치를 추정하기 위해 신중하게 작성된 설문지를 통하여 얻어진 자료를 분석하는 방법이다. 그러나 현시선호법은 사람들의 실제 선택 행위 즉, 현시된 선호 자료에 의존한다.

여행비용접근법(TCM), 특성함수접근법(HFM), 회피행위접근법(ABM)은 개인 또는 가계의 선택 행위로부터 가치를 추론한다는 공통적인 특성을 가지고 있다. 여행비용접근법은 여행비용과 질에서 차이가

나는 여행지를 방문하는 선택에 기초한 모형이다. 특성함수접근법은 다른 특성을 가지고 있는 주택 구입 또는 임금 선택 결정과 관련된다. 한편 회피행위접근법은 특정한 불쾌감 등을 회피하기 위한 개인 또는 가계의 지출 행위에 근거하고 있다.

여행비용접근법과 회피행위접근법은 시장에서 구매한 재화와 자신의 시간을 결합하여 원하는 결과를 생산한다는 가계생산의 이론적 기초를 가지고 있다. 즉 여행비용접근법에서는 여행비용 및 휴양행위에 참여를 위한 여타 한계 비용과 여행 시간이 결합되어 휴양 경험을 얻을 수 있다고 본다. 한편 회피행위접근법에서는 특정 투입요소 구매와 시간을 결합하면 불쾌감 등에 노출되는 것을 회피할 수 있게 되어 건강 또는 복지가 개선된다고 상정한다.

이와 같은 유사성에도 불구하고 여행비용접근법과 회피행위접근법은 이론적 기초에서 차이가 있다. 여행비용접근법은 약보완성(weak complementarity)의 전제를 받아들이고 있다. 즉, "관련된 시장 재화의 소비가 없을 때는 비시장재화의 쾌적성의 소비도 없다"라는 약보완성에 근거하고 있다. 여행비용접근법에서 휴양수요량(x)와 휴양의 질(q)은 직접적으로 효용함수에 포함된다. Y가 소비하는 다른 모든 재화와 서비스의 벡터라고 하면 효용함수는 U(Y, x, q)와 같이 정의된다. 방문 가격(P_X)는 참여의 한계비용(특정 투입요소의 구입 비용과 여행시간의 기회비용)이라고 가정하면, 예산제약은 $I = P_Y Y + P_X X$가 된다. 이로부터 수요 혹은 효용 함수를 추정하고, 그것으로부터 잉여 추정치를 도출한다.

한편 회피행위접근법은 구입한 투입요소나 비시장재화가 효용함수에 직접적으로 포함되지 않는다고 가정된다. 오히려 x와 q는 효용함수 U(Y, z)에 포함되어 있는 재화 z의 생산에 필요한 대체재로 간주된다. 즉, z = f(x, q). 음용수가 오염된 상황을 고려할 경우, z는 음용수 소비와 관련된 건강이라고 볼 수 있고, q는 수돗물의 질이고 x는 생수의 소비량인 상황을 생각할 수 있다.

특성함수접근법은 자산 혹은 임금이 이질적인 재화로서 재화를 구성하는 다양한 특성들이 효용을 가져온다고 본다. 즉, 특성들이 $Z = (z_1, z_2, z_3, \ldots, z_n)$와 같은 벡터라면, 효용함수는 $U(Y, Z) = U(Y, z_1, z_2, z_3, \ldots, z_n)$와 같이 표시된다. 특정 특성($z_e$)의 암묵적 가치는 $\partial P / \partial z_e = p_e$이다.

〈표 4-1〉 현시선호 가치측정법

방 법	현시된 행위	개념적 근거	적용 사례
여행비용접근법	휴양행위 참여 및 장소 선택	가계생산, 약보완성	휴양 수요
특성함수접근법	자산 구매 및 직업 선택	차별화된 재화에 대한 수요	자산 가치 및 임금 모형
회피행위접근법	질병 혹은 사망을 회피하기 위한 지출	가계생산, 완전 대체재	질병 위험/사망 위험

현시선호법의 가장 큰 한계는 비사용가치를 추정할 수 없다는 점이다. 비사용가치를 추정할 수 있는 행위적 흔적이 없기 때문에, 현시선호법을 이용해서는 비사용가치를 추정하는 것이 일반적으로 가능하지 않다.

현시선호법의 두 번째 한계는 경험하지 않은 공급량이나 질의 변화에 대해서는 가치를 추정할 수 없다는 점이다. 그 동안 존재하지 않은 수준으로의 환경질 개선이나 전혀 다른 유형의 문화시설 등과 같은 대상의 가치를 현시선호법을 이용해서는 추정하기 어렵다.

현시선호법이 현시된 자료에 근거하고 있기 때문에 경제학자들에 의해 일반적으로 선호되는 경향이 있지만, 현시선호법을 이용하여 비시장재화의 가치 추정 과정에 전제되고 있는 가정과 한계를 간과해서는 안된다.

현시선호법을 이용한 가치 추정 절차는 다음 표와 같이 열 단계로 나누어 볼 수 있다.

첫 번째 단계는 가치평가의 목적에 따라 정책관련 후생추정치를 확인하는 과정이다. 예를 들어 음용수를 오염으로부터 방지하는 프로그램과 정책이 관련된다면, 음용수질 변화의 가치를 평가할 필요가 있다.

두 번째 단계에서는 해당 정책에 의하여 영향을 받게 되는 대상자들(모집단)을 확인하는 절차이다. 특정 우물의 오염을 방지하는 것이라면 그 우물을 이용하는 사람들이 해당 정책에 의해 영향을 받는 대상자의 모집단이라고 볼 수 있다.

세 번째 단계에서는 추정할 가치 유형을 정의한다. 가치의 다양한 유형 중 어떤 유형의 가치를 추정해야 하는지를 결정한다. 경우에 따라 이 단계에서는 모집단의 하위 집단(subpopulation)에 대한 고려도 필요하다.

네 번째 단계에서는 적합한 현시선호법을 선택한다. 음용수의 경우는 회피행위접근법이 특성함수접근법보다는 더 적절한 경우라고 볼 수 있다.

다섯 번째 단계와 여섯 번째 단계는 일반적으로 특성함수접근법이 2차 자료에 의존하기 때문에 필요한 과정이다. 이 단계에서는 자료의 출처를 확인하고 한번 평가된 자료를 확보한다. 자료의 질에 향후에 도출될 가치 추정치가 의존하게 되기 때문에 신중하게 검토할 필요가 있다. 특성함수접근법의 경우 다양한 자료가 필요하고, 여기에는 주택 가격과 특성에 관한 정보와 더불어 환경질에 대한 정보, 인구통계학적 특성 정보, 공간적 쾌적성 정보 등과 관련된 자료들이 포함될 수 있다.

일곱 번째 단계와 여덟 번째 단계는 1차 자료를 필요로 하는 여행비용접근법이나 회피행위접근법에 적용된다. 이를 위해서는 조사방식, 표본틀, 설문 설계 등에 대한 선택이 필요하다. 신중한 설문의 설계를 거쳐야 적합한 자료를 얻을 수 있다. 한편 오래된 일을 회상하여 답변하도록 하는 경우, 회상 편의(recall bias)가 발생할 수 있는 여지가 있다.

아홉 번째 단계와 마지막 단계에서는 수집된 자료에 계량경제학적 모형을 적용하여 추정하고, 그로부터 얻고자 하는 후생추정치를 도출한다. 모형에서 채택하는 함수형태에 따라 후생추정치의 값이 크게 차이가 날 수 있으므로, 이에 대한 고려를 포함하여 결과를 해석할 필요가 있다.

〈표 4-2〉 현시선호법을 이용한 가치 추정 절차

---

1. 가치평가 대상(공급량 또는 질 변화) 확인
2. 가치 추정과 관련된 모집단 확인
3. 추정될 가치의 이론적으로 정의
4. 현시선호 가치측정법 선택
5. 적합한 2차 자료 확인
6. 2차 자료 수집과 자료의 입력 검토
7. 1차적 자료가 필요한지 결정
8. 1차적 자료가 필요한 경우, 조사 방법을 설계하여 자료 수집
9. 모형 추정
10. 추정된 모형으로부터 후생 추정치 도출

제2절 여행비용접근법

여행비용모형(TCM)은 자연환경의 휴양적 이용을 가치평가할 때 주로 이용된다. 예를 들어 원유 유출로 인하여 특정 해변이 폐쇄되는 경우의 휴양 손실 또는 강의 수질이 개선되는 경우 얻게되는 휴양 이익을 측정하는데 이용될 수 있다. 이 모형은 기본적으로 관찰된 행위에 기초하기 때문에 자연환경의 사용가치만을 측정할 수 있다.

여행비용모형은 단일 휴양지 또는 다수 휴양지들의 이용에 대한 수요 기반 모형이다. 이 모형은 크게 단일 장소와 다수 장소에 대한 수요 추정 모형으로 나눌 수 있다.

1. 단일 장소 모형

단일 장소 모형(single-site model)은 전통적인 우하향하는 수요 함수로 나타난다. 왜냐하면 수요량은 특정 계절에 특정 휴양지를 방문한 횟수이고, 가격은 그 장소를 방문하기 위해 소요된 여행비용이기 때문이다. 일반적으로 거리가 멀어질수록 여행비용이 커지게 되고 방문횟수가 감소하게 된다.

단일 장소 모형은 특정 장소의 총가치 또는 '접근 가치(access value)'를 추정하고자 하는 경우 이용할 수 있다. 특정 장소가 이용할 수 없게 되는 경우 잃게 되는 총가치는, 대상 장소의 이용을 위해 지불하고자 하는 금액과 실제 지불하는 금액의 차이인 소비자 잉여의 합이라고 볼 수 있다. 단일 장소 모형을 이용하여 수질 개선과 같은 특정 장소의 특성이 변화하는 경우의 가치를 추정하게 변형하여 이용할 수 있지만, 다수 장소에 대한 모형이 보다 적합하다.

여행비용접근법과 관련한 최근의 발전에 대해서는 Herriges and Kling(1999), Phaneuf and Smith(2002)을 참조할 수 있다.

단일 장소 모형의 적용 절차를 보면, 우선 가치평가할 대상 지역을 정의하여야 한다. 경계가 분명한 자연자원의 경우(예를 들어 공원, 호수, 야생동물 보호구역 등)는 대상을 정의하기 어렵지 않지만, 해양 낚시 등과 같이 경계를 정하기 쉽지 않은 경우도 있다. 정책에 의해 영향을 받은 대부분의 지역을 포함할 수 있도록 정의할 필요가 있다.

두 번째 단계는 휴양적 사용과 계절을 정의한다. 낚시나 수영 등과 같이 단일 목적으로 이용하는 경우는 휴양적 사용을 정의하기에 어려움이 없다. 휴양적 사용과 관련이 있는 계절에 대해서도 포함해서 정의를 한다.

세 번째 단계는 대상 지역의 이용자들과 잠재적 이용자들에 대해 표본 조사를 하는 전략을 개발하는 것이다. 여기에는 현지(on‒site) 조사와 비현지(off‒site) 조사가 포함된다. 현지 조사의 경우 이용자들을 조사할 수 있지만 잠재적 이용자들을 포괄하지 못한다는 점에서 표본선택편의(sample selection bias)가 발생한다. 이 경우 연구의 범위를 이용자로 한정하면 표본선택편의가 발생하지 않는다. 한편 비현지 조사를 하게 되면 표본선택편의의 문제를 극복할 수 있지만 조사를 위한 비용과 시간이 크게 증가할 것이다.

네 번째 단계에서는 모형을 정한다. 모형에서 포함할 변수들을 고려하여 자료를 수집하게 된다. 여기에는 대상 지역까지의 여행비용, 대체 지역으로의 여행비용, 기타 인구학적 변수들이 포함된다.

다섯 번째 단계에서는 다목적 여행에 대해 처리 방법을 결정한다. 다목적 여행의 경우는 표본에서 제외시키는 방법을 고려할 수 있으나 그렇게 할 처리할 경우 표본선택편의의 문제가 생긴다. 다른 방법은 다목적 여행을 처리할 수 있도록 기본 모형을 수정하는 것이다. 이와 관련해서는 Mendelsohn et al.(1992) 및 Parsons and Wilsons(1997)을 참조할 수 있다.

여섯 번째 단계에서는 조사를 설계하고 실행한다. 조사의 일반적인 원칙을 고려하여 조사를 설계하고 실행할 수 있도록 한다.

일곱 번째 단계에서는 여행비용을 측정하고 여덟 번째 단계에서는 모형을 추정한다. 일반적으로 이용되는 모형은 count data 모형이다. 이 모형이 여행비용법을 적용하고자 수집된 자료에 적합하다. 이에 대해서는 Hellerstein(1999), Creel and Loomis(1990), Green(1997)을 참조할 수 있다. 마지막으로 추정된 모형을 이용하여 다양한 접근가치를 산정한다.

〈표 4-3〉 단일 장소 모형의 적용 절차

1단계: 가치 평가할 대상 장소 확인
2단계: 휴양적 이용 형태 및 계절 확인
3단계: 표본추출 방법 결정
4단계: 모형 정하기
5단계: 다목적 여행에 대한 처리방법 결정
6단계: 설문조사 설계와 실행
7단계 여행 비용 측정
8단계: 모형 추정
9단계: 접근 가치 산정

여행비용법의 국내 연구 사례로 산림청 임업연구원(1991)과 윤여창·김성일(1992), 이광석(1997), 이성태·이명헌(1998) 등이 있다.

2. 확률효용모형

확률효용모형(RUM)은 여러 휴양 지역 중에서 특정 지역을 선정한 선택을 분석한다. 휴양 지역을 선택하기 위해서는 비용과 지역의 특성을 고려한다. 여기서 비용은 여행비용을 의미한다.

확률효용모형(random utility model, RUM)은 가장 일반적으로 사용되는 다수 휴양지 모형이다. 여행비용 확률효용모형은 다수의 휴양지들 중에서 특정 휴양지에 대한 선택을 자료화하여 분석한다. 이러한 선택은 휴양지의 특성들에 의존한다고 본다. 예를 들어 낚시를 위한 여행의 경우 여행 비용, 휴양지의 쾌적성 등에 의해 결정된다. 특정 장소에 대한 선택은 특정 장소와 다른 장소의 특성들 간의 암묵적인 교환비율을 보여준다. 그러므로 여행비용 확률효용모형은 단일 장소 또는 다수 장소들의 가치를 측정하고자 할 때 이용될 수 있다. 예를 들어 원유 유출 사고에 의한 해변의 폐쇄에 의한 상실 가치 측정에 이용될 수 있다.

확률효용모형을 적용하기 위한 절차는 단일 장소 모형과 거의 동일하다. 단지 선택집합을 정의하여야 하며, 고려되는 장소의 특성 자료도 수집되어야 한다. 그리고 주로 이용하는 모형은 다항로짓모형(multinomial logit model) 이외에 중첩로짓모형(nested logit model) 또는 혼합로짓모형(mixed logit model)을 이용하여야 한다.

1단계: 가치 평가할 대상 장소 확인
2단계: 이용자 모집단 정의
3단계: 선택집합 정의
4단계: 표본추출 방법 결정
5단계: 모형 정하기
6단계: 장소의 특성 자료 수집
7단계: 다목적 여행에 대한 처리방법 결정
8단계: 설문조사 설계와 실행
9단계: 여행비용 측정
10단계: 모형 추정
11단계: 접근 가치/ 질 변화의 가치 산정

확률효용모형(RUM)을 이용한 휴양수요분석 사례는 국내에서 발견할 수는 없으나, 외국의 경우 많은 사례를 발견할 수 있다. 예를 들어, Bockstael et al.(1987)는 위와 같은 모형을 추정하여 미국 Boston지역 해수욕장의 Oil, COD, Fecal coliform이 각각 30% 감소할 경우 방문객 1인당 약 2.85~7.17불씩 편익이 증대된다는 사실을 보여주었다.(김일중 외, 2003: 63)

제3절 특성함수접근법

1. 특성가격모형

주거지의 대기질이나, 소음도, 인근 자연휴양시설과의 근접도 등은 주택가격에 영향을 주고, 다른 조건이 동일하다면 주변 자연환경이 쾌적한 주택의 가격이 더 높을 것이다. 이렇게 비시장재화인 자연환경이 주택과 같은 자산의 가치에 미치는 영향을 파악하여 비시장재화인 환경질의 편익을 추정하는 방법이 특성가격법이다.

특성가격법을 이용하여 환경의 질이 주택가격에 미치는 영향을 분석할 경우 일단 어떤 지리적 범위내의 주택은 단일 시장에 편입되어 각 개인은 다양한 주택의 특성을 모두 알고 있는 상태에서 자신이 원하는 최적 상태의 주택을 구매한다고 가정한다. 따라서 주택의 가격은 주택특성을 모두 반영하여 시장에서 결정된다.

이 방법은 먼저 주택가격이 주택주변의 환경질, 학군 등의 기타 특성, 주택의 크기 및 노후연수 등의 주택자체의 특성에 따라 어떤 영향을 받는지를 통계분석한다. 이러한 분석을 통해 주택의 환경질이 한 단위 개선됨으로 인해 주택가격이 증가하는 정도, 즉 환경개선의 한계편익을 구할 수 있다.

이 방법은 이어서 각 주택을 선택한 개인별 특성자료를 이용하여 주택주변 환경질 개선의 한계편익을 각 개인의 소득 등의 함수로 다시 추정하여 각 개인이 환경개선에 대해 부여하는 경제적 가치를 도출한다.(김일중 외, 2003: 66)

이제 특성가격모영의 적용 절차를 보면, 우선 추정할 대상 가치를 확정하여야 한다. 이는 암묵적 한계 가격으로 현시되는 한계지불의 사금액의 형태로 나타난다. 예를 들어 집 가격 중에 포함된 비시장재화(맑은 공기)의 암묵적 한계 가격은 비시장재화에 대한 한계지불의사금액이라고 볼 수 있다.

두 번째 단계에서는 종속변수로 나타나는 자산의 가치에 대한 자료를 수집하여야 한다. 집의 매매 가격 및 임대 가격 등에 대한 정보를 파악할 필요가 있다.

세 번째 단계에서는 특성가격함수의 함수 형태를 결정할 필요가 있다. 선형은 일반적으로 적절하지 않으며 반대수함수(semi $-$ log function) 형태가 일반적으로 이용된다. 이 경우 더미 변수의 계수를 해석할 때는 주의가 필요하다. 함수 형태에 따른 암묵적 가격에 대한 해석은 다음 표를 참조하면 된다.

〈표 4-5〉 함수 형태에 따른 암묵적 가격

함수 형태	함수식	암묵적 가격
선형	$P = \alpha_0 + \sum \beta_i z_i$	$\dfrac{\partial P}{\partial z_i} = \beta_i$
반대수	$\ln P = \alpha_0 + \sum \beta_i z_i$	$\dfrac{\partial P}{\partial z_i} = \beta_i \cdot P$
대수	$\ln P = \alpha_0 + \sum \beta_i \ln z_i$	$\dfrac{\partial P}{\partial z_i} = \beta_i \cdot P / z_i$
2차	$\ln P = \alpha_0 + \sum\limits_{i=1}^{N} \beta_i z_i + \dfrac{1}{2} \sum\limits_{i=1}^{N} \sum\limits_{j=1}^{N} \delta_{ij} z_i z_j$	$\dfrac{\partial P}{\partial z_i} = \beta_i + \dfrac{1}{2} \sum\limits_{j=1}^{N} \delta_{ij} z_j + \delta_{ij} z_i$

네 번째 단계는 공간적 의존성 및 상관관계를 검토하여야 한다. 자산 가격의 공간적 관련성은 시계열 자료에서의 자기상관성과 유사하다. 그러므로 공간적 의존성을 검토하고, 필요한 경우 추정 모형에 이를 반영하여야 한다.

마지막 단계에서는 후생 측정치를 추정한다. 일반적으로 지역적 쾌적성의 변화로 인한 자산 가격의 상승은 주택 거래비용이 없는 경우 순편익의 측정치가 될 수 있다. 그러나 주택 거래비용이 있는 경우에는 주택 거래비용을 제외한 값이 순편익이다.(또는 순편익의 상한값이다.)

1단계: 가치 추정할 대상 확인
2단계: 자산의 가치와 관련된 자료(종속 변수) 수집
3단계: 특성가격함수의 함수 형태 결정
4단계: 공간적 의존성 및 연관성 검토
5단계: 후생의 크기 측정

특성가격법을 사용하여 대기질 개선의 편익을 분석한 국내 연구로는 김도영(1992), 김종원(1997), 임영식·전영섭(1993)의 연구 등을 들 수 있다. 김도영은 서울시 주택시장을 분석한 결과 TSP농도가 1μg 감소하면 연평균 가구당 12만원 정도의 편익을 얻으며, SO2와 CO가 0.1ppm 감소하면 각각 9만원과 12만원의 편익을 얻는다는 사실을 밝혔다. 임영식·전영섭에 따르면, 서울시의 오존농도가 0.3ppm에서 0.2ppm으로 감소하면 연평균 가구당 21만원의 편익이 증가하였다.

특성가격모형은 주택과 같은 내구재의 시장균형가격을 이용하여 환경질 개선의 편익을 분석하는 이론적 기반이 매우 강한 분석방법이다. 그러나 이 방법은 비교적 복잡한 통계분석을 요구하는 결점을 가진다. 뿐만 아니라, 이 방법은 주택의 특성을 나타내는 변수들에 관한 정보를 필요로 하는데, 경우에 따라서는 이러한 정보를 얻기가 매우 힘이 든다. 따라서 필요한 자료를 획득하는 것이 쉽지 않다는 것이 이 모형의 단점이다.

뿐만 아니라 이 모형은 특성가격함수형태를 어떻게 설정할 것이냐의 문제와, 주택시장의 범위를 어떻게 한정하느냐의 문제, 그리고 주택가격에 미치는 환경의 영향을 일단 분석한 뒤, 이로부터 각 개인이 부여하는 환경의 경제적 가치를 어떻게 도출하느냐 하는 문제[19]

등에 관한 많은 논란이 있다. 이들 문제에 대해서는 Palmquist(1991)가 잘 정리한 바 있다.(김일중 외, 2003: 67~68)

2. 특성임금모형

차별화된 상품들에 대한 시장에서의 균형 가격으로 정보를 도출하는 특성함수접근법은 쉽게 노동 시장에도 적용될 수 있다.

각 직업 역시 다양한 특성의 묶음을 가지는 재화나 서비스라 해석할 수 있으며, 따라서 직업의 가격 즉 임금 역시 직업별 특성을 반영하여 시장에서 결정된다. 예를 들어 임금은 노동자 개인별 특성인 교육수준, 나이, 성별 등에 의해서도 결정되겠지만 직업별 특성인 치명적 부상의 위험도 등에 의해서도 영향을 받는다.

특성임금모형은 노동시장은 완전경쟁시장이라 가정한다. 따라서 노동을 공급하려는 각 개인은 직업별 특성과 시장에서 형성되는 직업별 가격을 고려하여 자신의 만족도를 극대화하는 직업 – 임금을 선택한다. 통상적으로 같은 조건이라면 위험도가 높은 직업일수록 임금수준도 높을 것이고, 따라서 노동을 공급하는 개인은 비시장재화인 환경위험과 임금수준 사이의 상호관계를 인식한 상태에서 자신의 만족도를 극대화하는 직업을 선택한다.

마찬가지로 노동을 수요하는 사람 역시 직업별 위험도와 시장임금수준을 고려하여 노동수요량을 결정한다. 따라서 시장에서 관측되는 각 직업별 임금수준은 일종의 균형임금수준이다.

---

19) 이 문제는 일종의 계량경제학적 문제로서 관련문헌에서는 식별문제(identification problems)이라 부름.

이와 같은 이론적 배경하에 특성임금모형은 각 개인별 임금을 개인특성과 비시장재화인 직업별 환경위험 특성에 대해 회귀분석한다. 그 결과 비시장재화인 작업장에서의 환경위험의 특성이 한 단위 변하면서 발생하는 임금의 변화를 구할 수 있고, 이것이 바로 비시장재화인 환경위험변화의 경제적 가치가 된다.

노동자들이 임금과 작업장에서의 사망 위험 사이에서 교환관계를 추정하기 위한 임금 자료를 이용하는 연구는 비시장재화의 가치 평가 영역으로 지난 30년 동안 국외에서는 많은 연구들이 진행되었다. 여기에는 Gegax et al.(1985), Moore and Viscusi(1988), Viscusi(1992, 1993) 등의 많은 연구가 있다.

이러한 교환관계로부터 도출된 값들은 확률적 생명 가치(value of a statistical life, VSL)를 산정하는데 이용되었다. 확률적 생명 가치(VSL)는 특정한 개인의 생명에 대한 가치를 의미하는 것이 아니라 특정 지역의 사망 위험이 통계적으로 한 명 감소하는 경우에 대하여 부여하는 가치를 의미한다.

특성임금모형은 작업장에서 발생하는 미세한 위험도 변화의 경제적 가치를 평가한다. 그런만큼 노동자들이 인식하는 직업별 위험도 차이가 실제 위험도 차이와 다를 경우에는 특성임금모형은 환경위험감소에 따른 경제적 편익시 큰 오류를 범하게 된다. 따라서 이 모형의 적용이전에 인식되는 위험도와 실제 위험도 사이의 편차가 어느 정도인지를 확인할 필요가 있다.

모형이 가정하는 바와 같이 노동시장이 완전경쟁적이지 않을 경우에는 물론 추정결과가 오류를 포함하게 된다. 노동조합의 영향이나 기타 요인에 의해 노동시장이 경쟁적이지 못할 수 있다는 가능성을 염두에 두어야 한다.(김일중 외, 2003: 64~65)

제4절 회피행위접근법

1. 회피행위모형

회피행위는 일반적으로 환경적 피해를 감소시키기 위해 취하는 행동들과 관련된다. 회피행위는 오염에 대한 노출을 감소키는 행위는 물론 노출에 따른 부정적 영향을 완화시키는 행위도 포함한다. 회피행위모형(ABM)에서는 합리적 인간은 회피 행위의 비용이 피해 비용보다 크지 않다면 회피행위를 한다고 본다. 그러므로 회피행위의 선택은 환경적 피해의 회피로부터 얻을 수 있는 가치에 대한 정보를 포함하고 있다.

각 개인은 비시장재화인 환경오염으로 인해 발생하는 위험도를 사전에 줄이기 위해 어떤 방어적 행위(defensive behaviors)를 할 수도 있고, 이미 발생한 환경피해를 완화하기 위한 행위를 할 수도 있다. 전자의 경우 공기를 정화하거나 물을 끓여 먹는 행위 등이 예가 되고, 후자의 경우에는 의약품을 구입하거나, 병원진료를 받는 행위 등이 예가 될 수 있다. 아래의 <표 4-7>은 다양한 종류의 회피행위를 보여준다.

회피행위모형은 주로 환경재와 시장재 사이의 대체관계를 이용해 환경재의 가치를 평가하는 방법이다. 이 모형은 서울시 전체의 대기오염도와 같은 총체적 환경질(overall environmental quality)과 사무실이나 주택내의 공기처럼 각 개인이 직접 접하는 개인적 환경질(personal environmental quality)을 구분하고, 각 개인은 개인적 환경질의 변화로 인해 효용변화를 경험한다고 가정한다. 각 개인은 총체적 환경질이 악화되면, 자신의 개인적 환경질이 동시에 나빠지는 것을 방지하기 위해 공기정화기와 같은 오염완화수단을 구입하게 되는데, 이러한 완화행위를 분석하여 총체적 환경질 개선의 편익을 분석할 수 있다.(김일중 외, 2003: 68~69)

〈표 4-7〉 회피행위의 예

오 염	오염의 피해	회피행위
대기오염	건물이나 시설물 등의 피해	건물이나 시설물의 페인트칠을 다시 함 이사를 가거나 시설물을 이동
	.건강악화	공기정화기나 에어컨 설치 검진을 위해 병원을 자주 찾음 호흡기 증상 완화를 위해 의약품 구입 이사
수질오염	시설이나 기계의 피해	정수기 설치 세척제 사용 이사나 이동
	건강문제	정수기 설치 먹는 샘물 구입 이사
쓰레기나 독성물질의 공해	경관파괴	보호막 설치나 보호림 조성 이사
	건강문제	수질검사 공기정화기나 에어컨 설치 이사
소음공해	건강문제	방음벽 설치 수면방해를 막기 위해 수면제 복용 이사

자료: Bartik, 1988. 김일중 외(2003), 68쪽 재인용

한편 손실 비용법(damage cost method)은 오염과 관련하여 발생하는 직접 또는 간접적으로 발생하는 실질 자원 비용과 관련된다.

직접 비용에는 질병 치료 비용, 손상된 것들을 수리 또는 교체하기 위한 비용 등이 포함된다. 간접 비용에는 환경적 오염으로 인한 생산성 감소의 기회비용 또는 산출의 감소 등을 포함한다. 손실비용법은 오염 감소의 편익을 측정하기 위하여 그로 인하여 얻게되는 실질 자원 비용의 감소액을 이용한다.

그러나 회피행위모형과 손실비용법은 두가지 차이점이 있다. 첫 번째로 회피행위법은 인간의 행위가 환경의 변화에 대해 어떻게 반응하는가에 초점을 맞추고 있지만, 손실비용법은 암묵적으로 환경적 변하에 대한 행위적 반응은 없다거나 행위적 반응들은 유효하지 않다고 가정하고 있다. 두 번째는 회피행위법은 지불의사금액(WTP)와 같은 경제적 가치와 같은 최소한 이론적으로 일치성있는 측정치를 추정하고자 하지만, 손실비용법은 그렇지 않다.

그럼에도 불구하고 회피행위법과 손실비용법은 몇가지 공통점을 가지고 있다. 우선 개념적인 측면에서 두 가지 방법론은 단순한 가계 생산함수에 기초하고 있다. 즉, 두가지 방법은 동일한 종류의 결과인 건강을 가치 평가하기 위해 이용된다. 두가지 방법은 건강에 영향을 주는 오염의 변화를 가치평가할 뿐만 아니라 오염의 결과로 나타나는 건강상의 영향을 가치평가하기 위해서 이용된다.

회피행위모형을 적용하기 위해서는 우선, 가치 평가할 대상을 정의해야 한다. 가치 평가할 대상이 결과에서의 변화인지, 위험수준의 변화인지, 환경에서의 변화인지 검토할 필요가 있다.

두 번째 단계는 회피행위가 후생에 어떻게 영향을 미치는지를 살펴보아야 한다. 이용가능한 회피행위와 그로 인해 영향을 받는 결과 또는 위험에 대해 정리할 필요가 있다. 회피행위와 그로 인한 결과의 관련성을 검토하여야 한다. 이 때 결합생산(joint production)의 가능성이 있는지도 검토한다. 예를 들어 수돗물이 음용수로서 적합하지 않다고 생각하여 생수를 구입해서 먹은 경우에는 음용수로서 적합한 성질 이외에도 편리성이라든지 맛 등의 다른 목적들이 영향을 주고 있다. 결합생산이 있는 경우 생수 구입 비용 전체를 마시기에 적합한 물을 얻기 위한 비용으로 취급하면 음용수에 대한 가치를 과대평가하게 된다.

〈표 4-8〉 회피행위모형(ABM)의 적용 절차

1단계: 가치 추정할 대상 확인
2단계: 회피행위 또는 방어행위가 후생에 영향을 주는 과정 검토
3단계: 이용할 회피행위접근법 유형 결정
4단계: 선택한 접근법에 따른 자료 수집
5단계: 모형 추정과 후생의 크기 측정

세 번째 단계에서는 이용할 회피행위법을 결정하여야 한다. 여기에는 소비자와 시장 연구, 건강생산함수 연구, 회피적 투입요소에 대한 수요 연구, 회피적 지출 연구 등이 포함된다.

소비자와 시장 연구는 특정 위험을 감소시키는 재화에 대한 시장에서의 구입 행위와 소비자에 대한 분석을 한다. 예를 들어 화재경보기를 시장에서 구입하는 경우에 대한 분석이 여기에 해당한다.

건강생산함수 연구는 건강에 영향을 주는 외생 변수들의 영향과 더불어 의사결정자에 의해 선택된 내생 변수들에 의한 건강영향을 분석한다. 예를 들어 건강 검진 등의 행위에 의해 사망 위험의 감소 또는 건강 상태가 좋아지는 경우를 분석할 수 있다.

회피적 투입요소에 의한 수요 연구는 환경적 변화에 대한 보상 변이(compensating variation) 또는 동등 변이(equivalent variation)를 추정하기 위하여 회피해위에 대한 수요함수를 추정하는 방법이다.

회피적 지출 연구는 회피적 지출의 변화를 이용하여 환경적 변화에 대한 가치의 하한값을 파악하기 위한 방법이다.

네 번째 단계는 선택한 접근법에 필요한 자료를 수집하여야 한다. 마지막에는 모형을 추정하고 그로부터 후생 추정치를 구하면 된다. 이 모형의 국내 적용예는 엄영숙(1998)과 신영철(2007)이 있다.

회피행위모형을 실제로 분석하고자 할 경우 우선 각 개인을 상대로 이들이 연간 질병을 앓는 일수와 이들이 치료를 받거나 증상완화를 위해 한 노력, 그리고 총체적 오염도와 기타 오염피해를 회피하고자 한 행위의 정도 등을 조사한다.

이어서 실제로 앓은 일수가 오염도, 증상완화노력 및 오염피해 회피행위에 의해 어떤 영향을 받는지를 통계분석하는데, 이때 추정되는 함수를 건강생산함수(health production function)이라 부른다.

각 개인은 자신의 금전적 및 시간적 예산제약하에서 자신에게 가장 큰 만족도를 가져다 주는 회피행위 및 완화행위를 한다고 전제하고, 추정된 건강생산함수에 기초하여 환경개선의 경제적 편익을 도출한다.(김일중 외, 2003: 70~71)

2. 의료비용모형

손실비용법은 지불의사금액(WTP)보다는 환경적 변화에 따라 소요된 자원 비용을 추정한다. 회피행위와 관련되는 경우에는 건강의 가치 평가에 대부분 적용된다. 이와 같이 건강과 관련된 상황에 적용되는 손실비용법을 의료비용법(cost of illness, COI)라고 부른다. 이 방법은 건강, 안전, 환경 정책 등에 대한 비용편익분석 또는 비용효과분석에 널리 이용된다.

손실비용이 지불의사금액(WTP)을 측정하지는 않지만, 널리 이용되고 있다. 손실비용은 지불의사금액(WTP) 보다는 분명히 작다. 즉, 손실비용은 편익의 하한값을 의미한다. 그리고 추정하기 쉽고 비경제학자들에게 설명하기에도 어렵지 않다. 그러므로 규제를 실행하는 비용이 규제에 의해 피할 수 있게 된 손실비용보다 크지 않다면, 분명히 지불의사금액(WTP)으로 편익을 추정을 하면 규제의 편익이 비용보다 크다는 결론을 확신할 수 있다. 이는 편익의 하한값을 이용하여 의사결정을 신속하게 할 수 있다면 보다 정확한 추정치를 기다려서 결정하는 것보다는 바람직하다. 그러므로 손실비용법이 널리 이용되고 있는 것이다.

의료비용은 질병, 상해, 사망과 관련된 직접비용 및 간접비용의 합으로 정의된다. 직접 비용은 진단, 처방, 회복, 간병에 사용된 자원의 가치를 의미한다. 한편 간접비용은 직접 지출된 비용이 아니며 질병이나 조기 사망에 의해 생산되지 못한 산출물의 가치 등을 반영한다. 일반적으로 상실된 소득은 의료비용법에서 가장 주요하게 고려되는 간접비용 항목이다.

의료비용법과 관련된 선구적 연구에는 Mushkin and Collings(1959), Weisbrod(1961), Rice(1966) 등이 있다. 국내 적용예로는 신영철(2002)이 있다.

의료비용법을 적용하는 절차를 보면, 우선 가치 평가의 문제를 정의하여야 한다. 가치 평가하고자 하는 적절한 상황을 정하여야 한다. 또한 환경의 변화와 적절한 연계를 검토하여야 한다.

두 번째 단계에서는 직접 비용을 추정한다. 관련되는 건강 관련 비용의 범주를 확인하고 각 범주별로 이용가능한 자료를 확보한다. 여기에는 비의료적 직접 비용도 포함시킨다. 예를 들자면 의료기관에 가기 위해 지출한 교통비 등이다.

세 번째 단계에서는 간접비용을 추정한다. 간접비용에는 확률적인간 생명의 가치 또는 의료비용법을 이용하여 사망 위험의 변화에 따른 비용, 질병과 관련하여 상실한 소득 등이 포함된다.

마지막 단계로 기준 연도의 비용으로 환산하여야 한다. 즉 기준 연도의 현재가치로 환산하기 위하여 할인율을 이용하여야 한다. 여기서는 연구의 목표에 따라 유병율 또는 이환율의 변화를 고려하여 총비용을 산정하여야 한다.

〈표 4-9〉 의료비용법(COI)의 적용 절차

1단계: 가치 추정할 대상 확인
2단계: 직접 비용 추정
3단계: 간접 비용 추정
4단계: 기준 연도의 비용으로 환산

관례적인 질병비용모형이 회피행위비용을 포함하지 못하는 문제를 해결할 수 있는 모형이 Harrington and Portney(1987)에 의해 제시되었다. 이 모형은 건강생산함수를 추정하는 대신 효용을 극대화하는 최적 회피행위함수와 완화행위함수, 그리고 관측되는 질병일수와 여타 외생변수와의 관계를 각각 추정한다. 즉 건강생산함수 자

체가 아니라 각 개인이 이미 선택한 회피 및 완화행위가 각 개인의 소득 및 회피 및 완화행위에 따른 비용, 그리고 환경질에 의해 어떤 영향을 받는지를 통계분석한다. 마찬가지로 연간 앓는 일수도 회피 및 완화행위의 함수가 아니라 각 개인의 소득 및 회피 및 완화행위에 따른 비용, 그리고 환경질의 함수라 보고 이를 통계분석한다.

이어서 효용극대화행위를 감안하여 환경개선에 대한 한계지불의사를 도출하고, 이로부터 질병고통으로 인한 비용을 제외한 모든 비용을 감안한 환경개선의 편익을 도출할 수 있다. 이 모형의 함수들은 건강생산함수와는 달리 관측되는 질병일수, 회피행위, 완화행위 등을 외생변수인 소득 및 가격변수의 함수로 규정하므로 이들 함수들은 건강생산함수보다는 쉽게 추정되는 장점을 가지고 있다. (김일중 외, 2003: 72~73)

제5절 적용사례

1. 회피행위법 적용사례: 조기사망위험의 가치 추정[20)]

1) 평가 대상

정책의 타당성을 평가하기 위해서는 정책의 결과로 기대되는 다양한 효과 내지 영향을 동일한 기준을 이용하여 평가할 수 있어야

---

20) 신영철(2008), "질병예방행위 분석을 통한 확률적 인간생명가치 추정: 암 검진 행위 분석을 중심으로"에서 발췌·인용함.

한다. 정책의 다양한 효과 내지 영향을 화폐적 가치로 평가하여 비교하는 비용편익분석(benefit cost analysis)을 하게 되면, 해당 정책 자체의 타당성 여부에 대한 판단은 물론 다른 정책들과의 비교평가도 가능해진다. 환경 및 보건 정책의 경우 일반적으로 정책 수행을 위해 소요되는 비용의 측정은 어렵지 않은 반면, 해당 정책의 결과로 기대되는 건강과 관련된 효과 내지 영향이라는 비시장재화(non-marketed goods)의 편익(benefits)을 화폐적으로 측정하기는 대체로 쉽지 않다.

건강 영향에는 조기 사망 위험(premature mortality risk) 감소와 질병 위험(morbidity risk) 감소라는 두 가지 측면이 있는데, 기존의 미국 환경정책에 대한 몇몇 연구 결과에 따르면 조기 사망 위험 감소로부터 얻게 되는 편익이 총편익에서 압도적인 비중을 차지하고 있다. 예를 들어 미국 환경청(U.S. EPA)(1997, 1999)의 대기청정법(Clean Air Act, CAA)에 대한 비용편익분석 보고서에 따르면, 대기오염 저감정책의 총편익 중 80% 이상을 조기 사망 위험 감소라는 건강 영향의 편익이 차지하고 있다. 그러므로 건강 영향과 관련되는 환경 및 보건 정책들의 타당성 평가를 위해서는 건강 영향의 편익 중 특히, 조기 사망 위험 변화의 편익에 대한 제대로 된 평가의 중요성이 매우 크다고 볼 수 있다.

일반적으로 조기 사망 위험 감소의 편익을 환산하기 위하여 확률적 인간생명가치 또는 통계적 인간생명가치(value of statistical life, VSL)라는 개념의 단위 값을 이용한다. 확률적 인간생명가치(VSL)는 특정 정책으로 기대되는 사망 위험의 감소분(ΔP)에 대한 지불의사금액(WTP)을 사망 위험의 감소분으로 나눈 값($\frac{WTP}{\Delta P}$)으로 정의된다. 그러므로 조기 사망 위험의 크기가 1 즉, 단위값이 되는 경우의 지불의사금액을 의미한다. 또는 일정 인구(N)를 갖는 도시에서 통계적인 의미에서 조기 사망자 1명을 감소시키기 위한 지불의사금액($\frac{\sum\limits_{i=1}^{N} WTP_i}{\Delta P * N}$)이라고 해석할 수도 있다. 따라서 일정 인구(N)를 갖는 도시에서 해당 정책에 대한 총지불의사금액($\sum\limits_{i=1}^{N} WTP_i$)은 VSL ($\Delta P \times N$)에 의해 계산할 수 있다.[21] 이와 같이 확률적 인간생명가치(VSL)는 특정 정책으로 구제되는 확률적 인간생명(통계적 인간생명)을 조기 사망 위험 감소의 편익으로 계량화하는데 이용되며, 해당 편익의 크기를 결정하는 주요한 값이다.

그런데 확률적 인간생명가치(VSL) 값을 얻기 위해서는 우선 '조기 사망 위험'이라는 비시장재화의 가치를 평가해야 한다. 이를 위해 비시장재화 가치측정 방법 중 현시선호법(revealed preference method)에 속하는 특성함수접근법(hedonic function method) 및 회피행위접근법(averting behavior method) 등이 이용되고 있으며, 진술선호법(stated preference method)에 포함되는 조건부가치측정법(contingent valuation method) 및 선택실험법(choice experiment method) 등이 적용되고 있다.[22] 현시선호법은 경제활동의 결과로 나타난 자료를 분석하는 기

---

21) 예를 들어 특정 환경 내지 보건 정책으로 인하여 조기 사망 위험이 1/10,000 만큼 감소하고 그에 대한 지불의사금액이 4만원이라면, 이 경우의 확률적 인간생명가치(VSL)는 4억 원($=4만원 / (\frac{1}{10,000})$)이다. 이 경우 100만 명이 살고 있는 도시에 해당 정책이 시행될 경우, 이 정책으로 인하여 100명의 확률적 인간생명(통계적 인간생명)이 구제될 수 있기 때문에 해당 정책으로 인한 조기 사망 위험 감소 편익은 400억 원이 된다.

22) 이 외에도 인적자본접근법(human capital approach)에 따라 사망으로 손실된 노동 소득을

법들을 총칭하는데, 특성함수접근법은 주로 주택가격 자료 또는 임금 자료를 분석하고, 회피행위접근법은 사망 위험을 회피하는 행위와 관련되는 다양한 자료들 즉, 자동차 안전벨트 착용, 생수 구입, 연기탐지기 구입, 암검진 행위 등의 자료를 분석 대상으로 한다. 한편 진술선호법은 특정한 상황에 대해 구축된 상황에 대한 질문에 대한 답변 자료를 분석하는 기법들을 일컫는다. 일반적으로 조건부가치측정법의 경우 특정 대상의 총가치를 직접 측정하는 반면 선택실험법은 특정 대상의 속성 및 수준별 가치를 추정한다.

이미 국외에서는 다양한 방법론에 의하여 다수의 연구들이 진행되어 그 기존 연구 결과들을 활용하여 메타분석을 수행하는 Viscusi(1986, 1993), Miller(2000), Viscusi와 Aldy(2003)과 같은 연구들이 나오고 있다. 그러나 우리나라에서 확률적 인간생명가치와 관련된 기존 연구에는 회피행위모형을 이용한 엄영숙(1996, 1997)의 연구와 조건부가치측정법을 이용한 신영철·조승헌(2003), 조용성(2003), 이용진 외(2004)의 연구, 선택실험법을 이용한 신영철(2007)의 연구 등이 있을 뿐이다.

본 연구에서 이용하고자 하는 회피행위접근법에 의한 주요 연구로는 정기적 의료검진 자료를 분석한 Gerking과 Stanley(1986), 안전벨트의 착용여부에 대한 Blomquist(1979), Blomquist와 Miller와 Levy(1996) 및 엄영숙(1997), 생수의 구입여부와 관련된 Smith와 Desvouges(1987) 및 김도영·김경환(1994), 공기청정제나 에어콘 구

인간생명의 가치로 고려하는 방법들도 생각될 수 있으나, 확률적 인간생명가치는 사후적(ex-post)이 아닌 사전적(ex-ante) 사망 위험에 대한 지불의사금액의 관점에서 접근하는 것이 이론적으로 적절하다. 이에 대한 보다 자세한 내용은 신영철·조승헌(2003) 또는 엄영숙(1997)을 참조하면 된다.

입을 분석한 Dickie et al.(1987), 화재경보기 구입에 대한 Dardis(1980), 농약 안전식품의 구입에 관련된 Eom(1994), 자전거 헬멧 구입 자료를 분석한 Jenkins et al.(2001), 고속도로 최고 속도에 대한 Ashenfelter와 Greenstone(2002) 등의 연구가 있다.

그런데 회피행위접근법의 경우 회피행위가 사망 위험의 회피 이외에 다른 목적을 갖고 있는 경우 이 부분에 대한 고려를 하지 못하면, 사망 위험에 대한 지출 비용을 과대평가할 수 있는 여지를 갖고 있다. 이는 회피행위의 비결합성(non-jointness) 가정과 관련된다. 회피행위의 비결합성이란 소비자의 효용에 직접적으로 영향을 미치지 않고 단지 사망 위험의 감소를 통해서만 효용에 영향을 미친다고 보는 것이다. 가계생산의 결합성을 허용하게 되면 회피행위 분석은 지불의사에 대한 분석이 쉽지 않게 된다. 그렇지만 일반적 회피행위 분석에서 이용되는 자료는 실제적으로 결합성을 가지는 경우가 대부분이다. 예를 들어 자동차 안전벨트의 착용 행위에 대한 분석을 하는 경우 안전벨트 착용은 교통 사망 위험을 감소시키기 위한 목적을 가지고 있지만, 안전벨트 미착용에 의한 벌금을 회피하기 위한 목적도 동시에 가지고 있다. 또한 생수를 구입하여 이용하는 경우도 수돗물과 관련된 사망 위험을 회피하기 위한 목적도 있지만, 편리성 또는 맛에 있어서의 차이도 생수를 구입하게 되는 중요한 이유에 해당한다. 이런 경우의 자료를 이용하여 결합생산의 가능성을 고려하지 않는 경우에는 위험 변화에 대한 지불의사금액을 과대평가하게 된다.

또한 대부분의 위험 회피행위를 하는 경우는 전체 모집단의 일부에 해당하며, 위험 회피행위를 하지 않는 집단과는 다른 성격을 갖는다고 볼 수 있다. 이러한 경우 위험 회피행위를 하는 집단에 대한 자료만을 분석하는 경우는 표본선택편의(sample selection bias)의 문제가 발생한다.

이와 같은 오류를 최소화 내지 극복하기 위해 본 연구에서는 우선, 사망 위험의 회피 이외의 목적을 생각하기 어려운 암검진 행위 자료를 분석의 대상으로 하였다. 회피행위접근법을 이용하는 경우 이와 같은 결합생산의 가능성에 따른 문제를 해결하는 방식은 결합생산의 문제를 명시적으로 모형에 고려하여 해결하는 방식23)과 결합생산의 가능성이 작다고 생각되는 자료를 선택하여 분석을 하는 방식이 있다. 본 연구에서는 후자의 방식을 선택하여 결합생산의 가능성이 작다고 생각되는 암검진 행위 자료를 이용하고자 한다. 암검진 행위는 조기 암 검진에 의해 암으로 인한 사망 위험을 감소시키고자 하는 이유 이외에 다른 목적이나 이유가 있다고 보기는 어렵기 때문이다.24)

또한 본 연구에서는 암검진 행위라는 회피행위에 대한 분석을 할 때, 표본의 선택편의 문제를 극복할 수 있도록 회피행위접근법을 이용하여 확률적 인간생명가치를 추정하고자 한다. 이를 위해 본 연구에서는 Heckman(1979)에 의해 제안된 선택모형의 로그 우도함수를 이용하여 최우추정법으로 추정하고자 한다.

---

23) 이와 관련해서는 Nii Adote Abrahams et al.(2000) 참조.

24) 암검진 행위는 암이라는 치명적인 질병을 예방하기 위한 행위라고 볼 수 있다. 암 검진은 일반적으로 신체적 이상이나 증상이 없고 스스로 건강하다고 생각될 때 검사를 받음으로써 병을 조기에 발견하여 치료하고자 하는 것으로, 검진을 통하여 암을 조기에 발견하여 치료하면 완치율을 크게 높일 수 있다. 암은 상당히 진행될 때까지도 특이증상이 없을 수 있으며, 암이 진행되어 나타나는 증상들도 평소 흔히 경험해 오던 증상들과 비슷하기 때문에 치료시기를 놓치는 경우가 많다. 따라서 설령 암이 발생하였다 하더라도 조기에 검진을 받아 치료하면 암으로 인한 사망을 크게 줄일 수 있다.(보건복지부·국립암센터(2008))

그러므로 본 연구에서는 회피행위의 다목적성(결합생산) 문제를 최소화할 수 있는 암검진 행위라는 회피행위자료에 대해 표본선택편의를 극복할 수 있는 모형을 적용하여 사망 위험 감소에 대한 지불의사금액의 도출과 더불어 확률적 인간생명가치를 추정하고자 한다.

2) 이론적 모형

자기보호(self-protection) 행위 또는 회피(averting) 행위는 가계생산함수모형(household production function model)으로 해석할 수 있다. 가계생산함수모형은 Mincer(1962, 1963), Becker(1965), Ehrlich와 Becker(1972)에 의해 기초를 갖추었으며, Bockstael과 McConell(1983)에 의해 환경재의 편익분석에 이용되었다.

그러므로 본 연구와 주제와 관련하여 생존 확률은 자기보호 행위 또는 회피 행위를 투입하여 생산되는 것으로 생각된다. 자기보호 행위 또는 회피 행위는 연속적인 변수이거나 이산적인 변수일 수 있다. 예를 들어 담배구입량의 감소 등은 연속적인 변수의 형태이고, 자동차 안전벨트의 착용이나 생수의 구입, 의료 검진 등은 이산적인 변수의 형태를 갖는 자기보호행위 또는 회피행위에 해당한다.

Blomquist(2001, 2004)에 의하면, 자기 보호 또는 회피 행위로 인한 기본 모형은 일정한 기간 동안의 위험과 소비에서의 교환관계(tradeoffs)를 파악하는 것과 관련된다.[25] 개인은 일정한 기간 동안의 소비에

---

25) 자기보호행위나 회피행위에 대한 이론적 모형은 Blomquist(2001, 2004) 연구를 중심으로 일부 수정하여 정리하였다. 이 모형은 기본적인 정태모형(static model)이지만, 시간을 도입한 모형 및 생애주기 모형 등에 대해서는 Freeman(2003)의 10장을 참조하면 된다. 또한 불확실성하 상황의존적인 선호관계에 기초한 모형으로는 엄영숙(1997)을 참고할 수 있다. 본 연구의 대상인 암검진 행위에 대해서는 기본적인 정태모형을 적용하여도 문제가 없지만,

서 얻는 효용($U(C)$)에 생존 확률(P)을 곱한 형태의 효용 $P{\cdot}U(C)$ 즉, 기대효용 $E(U)$를 최대화하고자 한다. 여기서 U는 전형적인 효용함수이며, C는 일정한 기간 동안의 소비이고 P는 그 기간 동안의 생존 확률을 의미하며, S는 개인이 취하는 건강보호행위 또는 안전 행위이다. P(생존 확률)의 변화에 대한 생산함수는 $P = P(S)$라고 하면, $P'(= \frac{dP}{dS})$은 회피 행위의 한계 생산물인 사망 위험의 감소를 의미한다. 이 때 기대 효용은 다음과 같이 표현된다.

$$E(U) = P(S) \cdot U(C) \tag{4.1}$$

$E(U)$를 동일하게 유지하면서 (4.1)식을 미분하여 dC/dP에 대해 풀면 다음 식이 도출된다.[26]

$$\frac{dC}{dP} = -\frac{U(C)}{\lambda P} \tag{4.2}$$

여기서 λ는 소비(또는 소득)의 한계 효용이다. 식(4.2)는 소비와 생존 확률 사이의 한계대체율 즉, 사망 위험 감소를 위해 소비와 교환하고자 하는 비율을 의미한다. 여기서 사망 위험 감소를 위한 지불의사금액은 개인의 특성 및 상황에 따라 변하는 여러 요소들

보다 발전된 모형에 대해서는 Freeman(2003)을 참조할 수 있다.

26) (1)식을 P에 대해 미분하면 $\frac{dE(U)}{dP} = U(C) + P(S){\cdot}\frac{dU}{dC}{\cdot}\frac{dC}{dP} = 0$이고, 이를 $\frac{dC}{dP}$에 대해 정리하면 $\frac{dC}{dP} = -\frac{U(C)}{\frac{dU}{dC}{\cdot}P}$이다. 여기서 $\frac{dU}{dC} = \lambda$라고 하면 (2)식이 도출된다.

(즉, $U(\cdot)$, C, P, λ)에 의해 결정된다.

$E(U)$의 극대화는 예산 제약을 가지는데, 일정한 기간의 소비 및 회피행위에 대한 지출이 소득을 초과할 수 없다.

$$C + qS = wT + A \tag{4.3}$$

여기서 q는 회피행위에 대한 비용이며, w는 임금율, T는 일정 기간 동안의 총 이용가능 시간, A는 비노동 소득이다.

회피행위에 대한 비용 q는 화폐적 비용 m과 시간비용 awt의 합이다. 여기서 a는 회피행위에 투입되는 시간 t의 가치를 임금율(w)의 일부로 조정하는 계수로서, 0과 1 사이의 값($0 \leq a \leq 1$)을 갖는다.

여기서 극대화 1계 조건은 다음과 같다.[27]

$$\frac{P^{'} \cdot U(C)}{\lambda P} = q \tag{4.4}$$

식(4.4)의 왼쪽 편은 회피행위의 한계 편익이며, 오른쪽 편은 회피행위의 한계 비용을 의미한다. 회피행위에 소요되는 화폐적 비용과 소요 시간 비용을 함께 고려한 것보다 회피행위로 얻게 되는 편익이 클 경우에만 개인은 회피행위를 한다. 위험은 부분적으로 내생적이기 때문에, 회피행위로부터 조기 사망 위험에 영향을 줄 수 있고 그에 대한 분석으로부터 확률적 인간생명가치(VSL)을 도출할 수 있다.

---

27) 라그랑지 함수 $\mathcal{L} = P(S) \cdot U(C) + \delta[C + qS - wT - A]$에서 극대화 1계 조건 중 $\frac{d\mathcal{L}}{dC} = P\frac{dU}{dC} + \delta = 0$, $\frac{d\mathcal{L}}{dS} = P^{'} \cdot U(C) + \delta q = 0$을 q에 대해 풀면, $q = \frac{P^{'} \cdot U(C)}{\lambda P}$임.

사망 위험 감소의 편익은 $\dfrac{U(C)}{\lambda \cdot P}(=-\dfrac{dC}{dP})$로서, 일정한 기간의 소비로부터 얻는 효용을 해당 기간의 생존 확률을 감안하여 화폐가치로 환산한 것과 같다. 이 가치를 V라 하면 다음과 같다.

$$V \equiv \frac{U(C)}{\lambda \cdot P} \tag{4.5}$$

이를 대입하여 식(4.4)를 V에 대해 풀면, 다음과 같이 표현된다.

$$V = \frac{q}{P}' \tag{4.6}$$

분석의 편의를 위해 P에서 한 단위 변화에 대해 V를 평가한다면, 이때의 V는 확률적 인간생명가치(VSL)가 된다. 따라서 P에서의 한 단위 변화를 가져오는 사망 위험의 변화에 대한 가치는 다음과 같다.

$$VSL = [m + awt]/P' \tag{4.7}$$

그러므로 회피행위 자료를 이용하여 확률적 인간생명가치를 추정하려면, 회피행위를 위해 지출한 화폐적 비용(m) 및 소요시간비용(awt)을 사망 위험의 단위 변화로 나누어야 한다. 따라서 본 연구에서는 암검진 행위에 지출한 화폐비용과 소요시간비용에 초점을 맞추어 비용을 집계하여 분석에 이용한다.[28]

3) 자 료

본 연구에서는 보건복지부와 한국보건사회연구원에 의해 수행된
「2001년 국민건강·영양조사」의 건강면접조사와 보건의식행태조사
원자료를 이용하였다. 이 조사는 국민의 전반적인 건강·영양상태 및
그 추이와 사회인구계층별 주요 질병과 관리, 건강위험요인에 관한
대표성과 신뢰성있는 통계를 산출하고 있다. 특히 보건의식행태조사
는 건강과 관련한 의식행태수준 및 국민건강증진 중장기목표 중 위험
요인 감소목표의 적정수준을 제시하기 위하여 건강위해행위, 건강생
활실천행위, 예방 및 안전행위 등을 조사 대상 항목으로 하고 있다.
　건강면접조사는 총 13,200가구 중 37,769명에 대하여 조사를 하
고, 보건의식행태조사는 건강면접조사가 완료된 통합조사구내 표본
가구에서 12세 이상 인구 총 10,368명 중 9,170명에 대하여 조사
하였다. 보건의식행태조사는 전체 600개 지역에서 1/3에 해당하는
200개 지역(통합조사구)중 건강면접완료가구를 대상으로, 면접조사
원이 해당가구의 만 12세 이상 가구원의 설문지를 배포 후 자가
작성 하도록 하였다. 보건의식행태조사 자료 중 기타 예방활동 조
사항목에 포함된 암검사와 관련된 질문 정보와 더불어 건강면접조
사에서의 사회경제적 변수를 분석에 이용하였다. 향후 분석에서 간
암 검진 여부와 관련된 모형에 이용된 자료는 건강면접조사 중 모

---

28) Blomquist(2004)에 의하면 회피행위접근법에서 회피행위에서 발생하는 비효용을 포함하여
모형화할 수 있는데, 회피행위에 지출한 화폐적 비용과 소요시간비용만을 포함하는 경우는
확률적 인간생명가치를 다소 과소평가할 가능성이 있다. 그러나 Blomquist(1979)의 안전벨
트 착용에 따르는 비효용 비용(disutility cost)은 확률적 인간생명가치의 0.02%만을 차지하
고 있다. 그러나 본 연구에서는 다루지 못하지만, 암검진 행위에 따른 비효용 비용이 안전벨
트 착용할 때와 같이 비용에서 차지하는 비중이 낮을 것인지에 대해서는 향후에 연구될 필요
가 있다고 생각한다.

형에 포함시킨 설명변수에 대한 정보를 가지고 있는 8,622명의 자료이며, 이 중에서 간암 검진을 받은 사람들 704명의 자료를 암검진 비용 모형 추정에 이용하였다.

한편 간암에 의한 성별·연령대별 사망 위험에 대한 자료는 보건복지부(2005)의 『암 발생 통계(1999~2001)』의 자료를 이용하였다. 우리나라의 간암 성별·연령별 발생률은 다음 <표 4-10> 및 <그림 4-1>과 같다. 간암 조발생률(crude incidence rate)[29]은 남자의 경우 41.92, 여자의 경우 13.84이다. 조발생률은 해당 관찰기간동안 특정 인구집단에서 새롭게 발생한 암환자수로 정의되며, 일반적으로 인구 10만명당 발생 건수를 의미한다.

암 검진을 하는 경우 어느 정도 사망 위험을 감소시킬 수 있는지에 대해서는, 세계보건기구(WHO)에 의한 정기적인 암검진 행위를 할 경우 암으로 인한 사망률을 1/3정도 줄일 수 있다는 정보를 분석에 이용하고자 한다.[30][31] 일반적으로 다른 암검진의 경우도 1~2

---

29) 조발생률을 통해 해당 인구집단에서의 암발생 정도를 절대적으로 평가할 수는 있으나, 지역 간 혹은 시기에 따른 상대적 비교를 위해서는 사용할 수 없다. 이는 지역간 혹은 시기에 따라서 인구집단의 연령구조가 다르기 때문에 단순한 조발생률의 비교는 의미가 없으며, 지역 간 혹은 시기간 비교를 위해서 연령표준화발생률을 산출하여 비교하여야 한다. 연령표준화발생률은 각 연령군에 해당하는 표준인구의 비율을 가중치로 주어 산출한 가중평균발생률이다. 동일한 표준인구를 이용하여 연령표준화발생률을 산출함으로써 연령구조가 다른 지역간 혹은 시기간 암발생률을 비교할 수 있다.(보건복지부(2005)) 본 연구에서는 지역간 및 시기간 암발생률을 비교할 필요는 없기 때문에 조발생률을 분석에 이용하였다.

30) 세계보건기구(WHO)에서는 의학적인 관점에서 암 발생 인구의 1/3은 예방 가능하고, 1/3은 조기 진단만 되면 완치가 가능하며, 나머지 1/3의 환자도 적절한 치료를 하면 완화가 가능한 것으로 보고 있다.(보건복지부·국립암센터(2008))

31) 국가암정보센터 인터넷 사이트(www.cancer.go.kr)에 있는 암종별 조기검진 효과를 이용하였다. 간암의 경우 고위험군에서 6개월마다 정기적으로 검진을 받을 경우 간암 사망률을 37% 가량 줄일 수 있는 것으로 보고되고 있다.(Zhang BH, et al.(2004)) 그러나 이 정보는 고위험군에 해당하는 연구결과이므로, 일반인들의 암검진 행위로 인한 간암 사망률 감소에 대한 정보로 직접적으로 이용하기에는 무리가 있다.

년 주기로 권장되고 있는 점을 감안하여 이 경우에 대해서도 1년마다 정기적인 간암검진을 하는 경우 간암 사망률이 1/3 감소하는 것을 기본안으로 보고 분석하였다. 이와 같은 상정에 대한 민감도 분석으로, 간암 검진을 정기적으로 2년마다 받는 경우와 6개월마다 받아야 하는 경우에 대해서도 확률적 인간생명가치(VSL)를 도출할 것이다. 또한 간암 검진 효과에 대한 민감도 분석도 사망 위험이 1/6 감소하는 경우와 1/2 감소하는 경우에 대해서 수행하고자 한다.

〈표 4-10〉 간암의 연령군별 암발생률

단위: 건수, 10만명당 발생률

연령군	남자		여자	
	건수	연령군발생률	건수	연령군발생률
0-4	34	0.66	30	0.65
5-9	9	0.16	6	0.12
10-14	8	0.16	9	0.20
15-19	19	0.32	6	0.11
20-24	40	0.66	18	0.31
25-29	125	1.82	52	0.79
30-34	327	4.76	97	1.47
35-39	1,045	15.41	238	3.71
40-44	2,310	37.08	422	7.08
45-49	3,409	76.74	589	13.67
50-54	4,410	126.56	871	25.27
55-59	5,120	169.02	1,269	39.25
60-64	4,936	198.18	1,503	51.92
65-69	3,534	215.58	1,527	67.14
70-74	2,330	235.88	1,331	80.20
75-79	1,476	238.43	977	85.62
80-84	650	225.45	527	81.95
85+	225	172.29	353	81.53
조발생률	30,007	41.92	9,825	13.84
연령표준화발생률	30,007	44.95	9,825	11.96

출처: 보건복지부(2005)

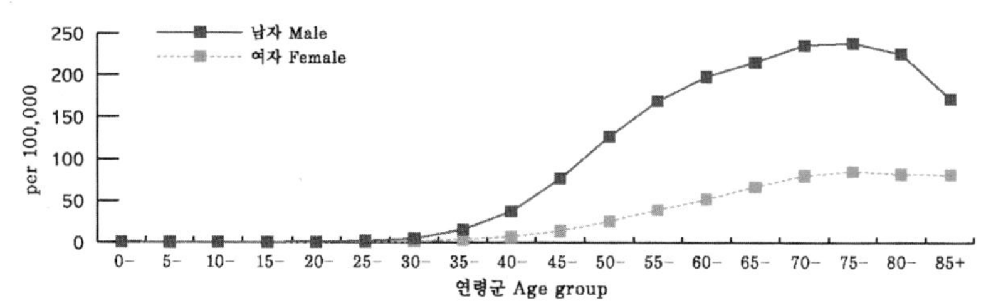

〈그림 4-1〉 간암의 연령군별 암발생률

간암 검사 비용은 화폐적 지출 비용(m)과 소요 시간 비용(awt)으로 구성된다. 「2001년 국민건강・영양조사」에는 간암 검진자들이 실제로 지출한 비용과 소요시간에 대한 정보가 조사되어 있지 않기 때문에, 평균적인 간암 검사 비용과 소요시간에 대한 정보를 이용자들에게 문의하여 상정하게 되었다.

우선 간암 검사에 지출되는 화폐적 비용의 경우 2001년에는 간암 검사 비용의 경우 건강보험 가입자의 경우 간암 검진 비용의 50%만을 부담하지만, 개별적으로 간암 검진을 받는 경우에는 간암 검진 비용보다 50% 정도는 더 부담해야 하는 현실을 반영하여 간암 검진 비용을 52,000원으로 설정하여 분석하였다.[32]

그리고 간암 검진 소요시간은 병원을 방문하는 시간과 검사 대기 시간 및 검사 시간 등을 포함하여야 하는데, 간암 검진의 경우 검사를 받을 때와 검사받고 나서 결과를 알기 위해 2번 방문하여야 한다. 첫 번째 검사를 위한 방문에서는 3시간, 검사 결과를 알기 위해 방문하는 경우에는 2시간이 걸리는 것으로 상정하였다. 이와 같은 상정의 불확실성을 감안하여 민감도 분석으로 간암 검진 비용

---

32) 세계일보, 2005년 11월 21일

이 기준안의 1/2배로 감소하는 경우와 2배로 증가하는 경우의 확률적 인간생명가치도 함께 추정하여 제시한다.

한편 암검진을 위해 소요하는 시간을 화폐적 비용으로 환산하기 위한 시간당 임금(w)은 노동부의 노동통계 사이트(http://laborstat.molab.go.kr/)에 있는 「임금구조 기본통계조사」 자료의 2001년 직종별·성별·연령별 임금 자료를 이용하였다. 표준직업분류에 따라 15가지로 분류하였으며, 군인, 학생 / 재수생, 무직, 비해당(만 14세 이하) 범주는 시간당 임금을 0원으로 하였고, 주부의 경우는 단순노무종사자의 성별·연령별 시간당 임금을 배정하였다. 연령대는 19세 이하 구간과 60세 이상 구간 이외에 20세에서 60세 구간은 5세 간격으로 나누어 직종별·성별·연령대별 평균 시간 임금을 분석에 적용하였다. 시간당 최저임금은 단순노무직 60세 이상 남성 근로자의 경우 2,287원이었으며 시간당 최고 임금은 전문가 55세~59세의 남성 근로자의 경우 15,890원 수준이었다. 회피행위에 투입되는 시간 t의 가치를 임금율(w)의 일부로 조정하는 계수 a는 1로 상정하여 분석하였다.[33]

그 결과 암검진 비용은 암검진 검사를 위한 지출 비용에 시간 소요 비용을 화폐적으로 환산하면, 간암 검진을 받은 사람들의 경우 평균 78,306원(표준편차 17,742원) 수준이다.

---

33) 통행시간 및 여가시간의 가치는 Domencich와 McFadden(1975), Cesario(1976), Blomquist (1979), 엄영숙(2008)에 의하면 일반적으로 평균 시간당 임금 수준보다는 낮다. 그러나 여기서는 단순한 통행시간이라기 보다는 암검진을 위한 통행 및 대기 시간, 검사 시간 등을 포함하는 것으로 단순 통행에 비해 비효용이 클 수 있다고 생각되어 회피행위에 투입되는 시간의 가치가 임금 수준과 동일하다고 상정하였다. 한편 a가 0에서 1사이의 어떤 값을 가지는 경우의 확률적 인간생명가치는 뒤에서 언급될 간암 검진 소요비용 및 간암 검진 주기 시나리오에 의한 확률적 인간생명가치의 범주에 포함된다. 그러므로 본 연구에서는 a에 대한 민감도 분석을 진행하지 않았지만, 향후 의료 검진 및 치료의 시간 가치에 대한 추가적인 연구가 진행될 필요가 있다.

4) 모형 추정 방법

간암 검진을 한 사람들의 자료만 분석에 이용하여 사망위험 감소에 대한 한계 편익을 도출하게 되면, Heckman(1979)이 지적한 표본 선택편의(sample selection bias)의 문제가 발생한다. 이 경우 일반적인 최소자승추정방법은 일치추정치가 되지 못한다. 이 경우 문제를 해결하기 위해서는 Heckman(1979)이 제안한 2단계 추정법을 이용할 수 있다. 표본에 포함여부를 결정하는 정성적 종속 변수(qualitative dependent variable) 모형을 추정하고 그로부터 표본에 포함되는 경우의 inverse Mill's ratio λ를 구한 뒤, 회피행위의 비용의 회귀방정식의 독립변수로 포함시켜 추정하고자 하는 계수들의 일치 추정치를 얻을 수 있다.

본 연구에서는 Heckman(1979)의 2단계 추정법을 이용하지 않고, Heckman(1979)에서 고려한 선택편의를 조정하고 암검진 여부 모형과 암검진 비용 모형을 결합 추정하도록 우도함수를 직접 구성하여 최우추정법(MLE)을 적용한다.

표본 선택 모형(sample selection model)은 특정 변수가 일정한 값을 갖는 경우에만 종속변수가 관측되는 경우로써, 다음과 같이 정의된다.

$$z^* = w'_i + u_i$$

$$z_i = \begin{cases} 1 & \text{if} \quad z_i^* > 0 \\ 0 & \text{if} \quad z_i^* \leq 0 \end{cases} \tag{4.8}$$

$$y_i = x'_i \beta + \epsilon_i \quad \text{if } z_i = 1$$

여기서 u_i와 ϵ_i는 결합 정규분포를 하며, 평균 0이고, 표준 편차는 1과 σ이며, 상관계수는 ρ이다. z는 선택에 이루어지는 변수이며, y는 z가 1의 값을 가질 때만 관측된다. 이 때 y 자료에 대해 최소자승추정방법을 이용하면 일치추정치를 얻지 못하기 때문에, 일치추정치를 얻을 수 있는 다음과 같은 Heckman의 선택모형의 로그 우도함수를 최대화하는 최우추정법을 이용하여 추정한다.

$$l = \sum_{i \in z_i = 0} \ln[1 - \Phi(w'_i \gamma)] + \sum_{i \in z_i = 1} \ln\phi(\frac{y_i - x'_i \beta}{\sigma}) - \ln\sigma + \ln\Phi(w'_i \gamma + \rho\frac{y_i - x'_i \beta}{\sigma})$$

간암 검진 행위와 관련하여 z_i는 간암 검진 행위를 하는지 여부를 나타내는 정성적 종속 변수이고, y_i는 간암 검진을 하는 경우에 지출하는 비용으로 검사비용과 소요시간 비용의 합으로 정의된다. 여기서 소요시간은 암 검진을 위해 소요된 시간을 시간당 임금을 고려하여 소요시간의 기회비용을 화폐적으로 계산한 값이다. 그러므로 본 연구에는 간암 검진 모형과 암검진 비용 모형의 두 가지가 결합되어 있는 형태이다. 실제 모형에서는 간암 검진 비용은 자연대수를 취한 형태로 모형을 취하였기 때문에, 일반적으로 적합도가 높다고 알려진 반대수함수(semi − log function) 형태이다.

간암 검진 모형과 암검진 비용 모형에 이용되는 설명변수들은 다음 <표 4−11>에 정리되어 있다. 간암 검진 모형에서는 간암 검진 여부를 설명하는 변수로 남성 여부, 연령, 교육기간, 유배우자 여부, 현재 흡연 여부, 현재 음주자 여부, 가구 소득, 건강염려정도를 포함시켰다. 이들 설명변수는 모두 양의 계수를 가질 것으로 예상되었다.

한편 암검진 비용 모형에는 우선 암검진 행위에 의해 감소하는 사망 위험 감소 크기와 그 값의 제곱을 설명변수로 포함시켰다.[34] 암검진 행위에 의한 사망 위험 감소 크기는 암검진 비용을 설명하는 가장 중요한 변수라고 생각할 수 있고, 암검진에 의한 조기 사망 위험과 암검진 비용이 선형의 관계를 갖지 않을 수 있는 점을 파악하도록 하기 위한 것이다.[35] 또 다른 설명변수로 남성 여부, 교육기간, 유배우자 여부, 가구 소득을 포함하였다. 이들은 암검진에 의한 조기 사망 위험 감소의 크기와 마찬가지로 암검진 비용에 영향을 정(正)의 영향을 미칠 것으로 예상되었다.

여기서 간암 검진 모형의 변수들은 표본 8,622명의 평균 및 표준편차이며, 암검진 비용 모형은 간암 검진에 참여한 704명 표본의 평균 및 표준편차를 나타내고 있다. 「2001년 국민건강·영양조사」의 표본은 추출확률에 따라 가중치가 주어져 있으므로, 모든 분석에 해당 가중치를 반영하였다.

---

34) 암검진에 의한 조기 사망 위험의 크기는 앞서 자료 부분의 설명에서 언급한 바와 같이 성별·연령대별로 다른 값을 갖는다.

35) 모형 설정에 있어 암검진에 의한 사망 위험의 감소 대신에 성별·연령대별 사망 위험 자체를 동일한 방식으로 설명변수로 포함하는 것도 가능하다. 여기서는 성별·연령대별 암검진에 의한 사망 위험의 감소 크기＝성별·연령대별 사망 위험 × 1/3 이 성립된다. 결과적으로 도출되는 확률적 인간생명가치(VSL)의 추정치는 어떤 변수를 설명변수로 하더라도 변하지 않는다. 암검진 비용 모형과 관련하여 과연 어떤 변수가 암검진 비용을 설명할 수 있는 변수인가를 고려한다면, 성별·연령대별 사망 위험의 크기보다는 암검진으로 인한 성별·연령대별 사망 위험 감소의 크기가 보다 직접적으로 암검진 비용을 설명할 수 있는 변수라고 생각된다.

<표 4-11> 변수들의 정의와 표본의 특성

모 형	변 수	변수 내용	평 균	표준편차
간암 검진 모형	male	남성=1, 여성=0	0.46	0.50
	age	연령(단위: 세)	40.33	17.40
	edu	교육기간(난위: 년)	10.83	4.18
	spouse	유배우자=1, 그 외=0	0.62	0.48
	smoke	현재 흡연자=1, 그 외=0	0.27	0.45
	aldrink	현재 음주자=1, 그 외=0	0.65	0.48
	hinc	가구 소득(단위: 백만원)	1.91	1.26
	hanx	'건강염려정도' 변수로, 전혀 걱정하지 않는다=1, 걱정하지 않는 편이다=2, 가끔 걱정한다=3, 항상 걱정한다=4	2.86	0.77
암검진 비용 모형	암검진 비용	암검진 지출비용+암검진 소요시간의 화폐적 비용(단위: 원)	78,306	17,742
	risk	사망 위험 감소 크기(단위: 1×10^{-3})	0.02084	0.02336
	risksq	(사망 위험 감소 크기)2	0.00097	0.00169
	male	남성=1, 여성=0	0.61	0.49
	edu	교육기간(단위: 년)	11.27	4.12
	spouse	유배우자=1, 그 외=0	0.83	0.38
	hinc	가구 월 소득(단위: 백만원)	2.13	1.36

5) 모형 추정 결과

암 검진 여부와 암 검진 비용에 대한 모형을 함께 추정하는 방법을 이용하여 추정한 결과는 다음 <표 4-12>과 같다.

우선 간암 검진 모형과 암검진 비용 모형의 상관계수 ρ가 0.6697 수준으로 정(正)의 상관관계가 낮지 않고, 1% 유의수준에서도 통계적으로 유의하다. 그러므로 회피행위모형의 경우 일반적으로 회피행위를 하는 집단만을 분석하는 경우 암검진 여부와 암검진 비용과의 상관성을 무시하고 추정하여 일치추정치를 얻을 수 없는 편의가 발생한다. 그러므로 이러한 선택 편의를 극복할 수 있는 모형

<표 4-12> 간암 검진 비용 모형의 추정 결과

모형	변수	변수 내용	추청치	표준오차	t 값
간암 검진 모형	Intercept	상수항	-3.4347***	0.1495	-22.98
	male	남성 여부	0.2169***	0.0526	4.13
	age	연령(세)	0.0192***	0.0017	11.13
	edu	교육기간(년)	0.0370***	0.0068	5.47
	spouse	유배우자 여부	0.2881***	0.0543	5.30
	smoke	현재 흡연자 여부	0.1469***	0.0515	2.85
	aldrink	현재 음주자 여부	-0.0626	0.0460	-1.36
	hinc	가구 소득(백만원)	0.0798***	0.0173	4.62
	hanx	건강 염려 정도	0.1108***	0.0271	4.09
암검진 비용 모형	Intercept	상수항	10.5338***	0.0728	144.75
	risk	사망 위험 감소 크기(단위: $10-3$)	8.6059***	1.0871	7.92
	risksq	(사망 위험 감소 크기)2	-156.1195***	13.7031	-11.39
	male	남성 여부	0.2011***	0.0162	12.40
	edu	교육기간(년)	0.0149***	0.0020	7.36
	spouse	유배우자 여부	0.1335***	0.0199	6.70
	hinc	가구 월 소득(백만원)	0.0287***	0.0056	5.16
	sigma	척도 모수	0.1928***	0.0164	11.79
ρ		상관계수	0.6697***	0.0927	7.23
log likelihood		로그 우도	-1824		
관측치수			8,067		

*, **, ***: 10%, 5%, 1% 수준에서 각각 통계적으로 유의함.

을 이용하여야 하는 필요성을 확인할 수 있다.

한편 암 검진 여부와 관련해서 남성일 때, 연령이 많을수록, 교육 기간이 길수록, 배우자가 있는 경우, 현재 흡연을 하고 있는 경우, 가구소득이 높을수록, 건강에 대한 염려가 클수록 간암 검진을 받을 확률이 높게 나타나 예상되는 결과와 일치하였다. 또한 이 변수들는 1% 유의수준에서 통계적으로 유의하였다. 그런데 예상과 달리 현재 음주하는 경우가 간암 검진을 받을 확률이 낮게 나타났지만, 10% 유의수준에서 통계적으로 유의하지는 않았다.

또한 암검진 비용에 영향을 주는 변수들 역시 모든 변수가 1% 유의수준에서 통계적으로 유의하며, 예상과 다르지 않았다. 단지 사망 위험 감소 크기의 제곱 변수(risksq)의 부호가 음($-$)이고 사망 위험 감소 크기(risk)의 부호가 양($+$)이어서, 일정한 사망 위험 감소 크기까지는 사망 위험의 감소 크기가 커질수록 간암 검진 비용이 증가하지만 일정 수준(risk = 0.0276 즉, 2.76×10^{-5})을 넘어서는 경우 감소하는 특징을 보여주고 있다.

간암 검진 비용 모형에서와 같이 종속변수가 로그값의 형태인 반대수(semi $-$ log) 모형에서는 독립변수의 추정계수의 의미를 해석하기 위해서는 연속변수와 더미변수에 따라 계수 추정치의 해석이 달라진다.

연속변수인 risk(암검진에 의한 사망 위험 감소의 크기), edu(교육년수), hinc(가구의 월 소득)의 계수 추정치에는 통상적인 반대수 모형에서의 해석 즉, 설명변수의 단위변화가 종속변수에 미치는 % 변화로 해석된다. risk의 경우는 risksq 변수로 인하여 그 자체의 수준에 의해서도 상대효과가 영향을 받기 때문에, 보건의식행태조사의 전체 표본이 간암 검진을 받는 경우 그로 인해 얻게 되는 사망 위험의 평균 감소 크기인 1.31×10^{-5} 수준에서 평가한다. 이는 12세 이상의 일반 국민이 암검진을 받는 경우의 사망 위험의 평균 감소 크기라고 볼 수 있다. 이 때 risk의 단위 변화(1×10^{-5})에 대해 간암 검진 비용은 4.513% 변화한다.[36]

---

36) 모형에서 risk의 단위가 1×10^{-3}이기 때문에, 이를 1×10^{-5}의 단위 변화에 따른 상대효과로 환산하기 위해서는 도출된 상대효과에 10^{-2}을 곱해서 해석하여야 한다.

edu(교육년수)의 단위변화 즉, 교육년수가 1년 길어질수록 간암 검진 비용을 1.493%씩 증가하고, hinc(가구 월 소득)의 단위변화 즉, 가구 월 소득이 10만원 증가하면 간암 검진 비용이 0.2874%씩 증가함을 의미한다.[37]

한편 Halvorsen and Palmquist(1980)에 의하면 반대수 모형에서 더미변수의 존재가 종속변수에 미치는 상대효과(relative effect) g는 다음과 같이 정의된다.

$$g = \{\exp(b) - 1\} \qquad\qquad 여기서, \; g = \frac{y_1 - y_0}{y_0}$$

여기서 b는 계수 추정치이며, y_1과 y_0는 각각 특정 더미변수가 존재할 때(더미변수의 값이 1일 경우)와 존재하지 않을 때(더미변수의 값이 0일 경우)의 종속변수 값이다. 따라서 g는 특정 더미변수의 존재 여부가 종속변수에 미치는 상대적 효과라 해석할 수 있다. 그러므로 남성인 경우가 여성에 비해 22.28%, 유배우자인 경우가 무배우자인 경우에 비해 14.28% 더 많은 간암 검진 비용을 부담하고 있다.

그리고 연속변수인 설명변수들의 한계효과는 종속변수의 평균값($\bar{y}$)에서 평가하였다. 즉, 평균 간암 검진 지출비용에는 간암 검사 비용 52,000원과 검진을 받기 위해 소요되는 5시간의 시간 비용이 합쳐진 금액이다. 또한 암검진에 의한 사망 위험 감소 크기(risk)의 한계효과는 사망 위험 감소의 크기, 수준에 의해서도 영향을 받기

---

37) 동일한 해석이지만, 가구 월 소득이 100만원 증가할 때 간암 검진 비용은 2.874% 증가한다.

때문에 앞서와 마찬가지로 보건의식행태조사의 전체 표본이 간암 검진을 받는 경우 그로 인해 얻게 되는 사망 위험의 평균 감소 크기인 1.31×10^{-5} 수준에서 평가한다. 이 때 risk의 단위 변화(1×10^{-3})에 따르는 간암 검진 비용의 한계효과는 321,097원이다. 교육년수(edu)의 경우 1년 증가하면 간암 검진 비용이 905원, 가구 월 소득(hinc)이 1백만원 증가하면 간암 검진 비용이 1,743원 증가한다.

한편 더미변수의 경우는 한계효과란 표현이 적절한 것은 아니지만, $y_1 - y_0$에 해당하는 값이다. 즉, 더미변수가 1의 값을 가질 때의 종속변수 값에서 더미변수가 0이었을 때의 종속변수 값을 차감한 값이다. 남성인 경우가 여성에 비해 간암 검진 비용으로 12,310원 더 부담하고 있으며, 유배우자가 무배우자에 비해 7,969원 더 부담하고 있음을 의미한다.

〈표 4-13〉 간암 검진 비용 모형 추정치의 상대효과 및 한계효과

변수	변수 내용	추정치	상대효과1)	한계효과2)
Intercept	상수항	10.5338	−	−
risk	사망 위험 감소 크기 (단위: 1×10^{-3})	8.6059	4.5132	321,097
risksq	(사망 위험 감소 크기)2	−156.1195		
male	남성 여부	0.2011	0.2228	12,310
edu	교육기간(년)	0.0149	0.0149	905
spouse	유배우자 여부	0.1335	0.1428	7,969
hinc	가구 소득(백만원)	0.0287	0.0287	1,743
sigma	척도 모수	0.1928	−	−

주 1) 본 모형에서의 상대효과는 설명변수의 단위 변화에 대한 종속변수의 % 변화를 의미함. 더미변수의 상대효과 추정치는 Halvorsen and Palmquist(1980)를 사용하여 추정한 값임. risk의 상대효과는 risk $= 1.31 \times 10 - 5$에서 평가함.
2) 종속변수의 평균값($\bar{y}$) 수준에서 평가한 한계효과임. risk의 한계효과는 risk $= 1.31 \times 10 - 5$에서 평가함. 한편 더미변수의 경우는 $y_1 - y_0$의 값임.

암검진 비용 모형으로부터 확률적 인간생명가치를 추정하기 위해, 암검진으로 사망 위험을 감소시키기 위해 어느 정도의 총비용을 지불하는지에 대한 정보를 이용할 수 있다. 이를 위해서는 암검진 비용 모형에서 암사망 위험률의 단위 증가에 따른 암검진 총비용의 증가에 대한 정보인 한계효과(즉, $\partial y/\partial P$)를 계산할 필요가 있다.[38] 앞서 도출한 암검진에 의한 사망 위험 감소(risk)의 한계효과인 321,097원은 12세 일반 국민이 직면하고 있는 risk 변수의 단위가 1×10^{-3}일 때 도출된 값이므로, 확률적 인간생명가치(VSL)는 3억 2,110만원이다.

분석 과정에서 불확실성이 있는 정보의 경우에 대해서는 가능한 범위에 대해 민감도 분석을 실행하여 확률적 인간생명가치의 범위를 추정해 보고자 한다. 첫 번째는 간암 검진 비용에 영향을 주는 요소에 대해 민감도 분석을 수행하고, 두 번째는 간암 검진의 효과에 대해 민감도 분석을 진행한다.

우선, 간암 검진 비용에 영향을 주는 요소는 검진 비용과 검진 소요 시간이 앞서 분석한 기본안의 1/2로 줄어드는 경우와 기본안의 2배로 증가하는 경우를 고려할 수 있다. 또한 동일한 암검진 효과를 얻기 위한 주기가 1/2로 줄어들어야 하는 경우와 2배로 늘어나도 가능한 경우에 대해서도 검토할 수 있다. 여기서 검진 비용 및 검진 소요 시간이 기본안의 1/2로 줄어드는 경우는 암검진 주기가 기본안의 2배로 늘어나도 동일한 암검진 효과를 얻기 것과 암검진 비용 측면에서 동일한 결과를 가져온다. 그 반대의 경우도 마찬가지이기에 검진 비용과 검진 소요 시간이 기본안의 2배로 증가하는

---

38) 암검진비용함수는 반대수함수를 적용하였으므로, $\partial y/\partial P = y\times(\partial \mathrm{Ln}\, y/\partial P)$이다.

경우는 암검진 주기가 1/2로 줄어들어야만 동일한 효과를 얻을 수 있는 경우와 검진 비용 측면에서 같다.

암검진 비용과 암검진 소요시간이 기본안의 1/2로 감소하는 경우 또는 동일한 암검진 효과를 얻기 위한 주기가 2배로 늘어나도 되는 경우에 대해 동일한 방식으로 추정하면, 확률적 인간생명가치(VSL)는 기본안에서 도출된 확률적 인간생명가치(VSL)의 1/2인 1억 6,055만원이다. 또한 암검진 비용과 암검진 소요시간이 기본안의 2배로 증가하는 경우 또는 동일한 암검진 효과를 얻기 위한 주기가 1/2로 줄어들어야 하는 경우에 대해서도 동일한 방식으로 추정하면, 확률적 인간생명가치(VSL)는 기본안에서 도출된 확률적 인간생명가치(VSL)의 2배인 6억 4,219만원이 된다.

〈표 4-14〉 간암검진 소요비용 시나리오에 따른 확률적인간생명가치(VSL) 추정결과

간암 검진 소요 비용 시나리오	암검진 기준안의 1/2배	암검진 비용 기준안	암검진 비용 기준안의 2배
확률적 인간생명가치(VSL)	1억 6,055만원	3억 2,110만원	6억 4,219만원

한편 간암 검진의 효과가 1/3의 사망 위험을 감소시킨다는 세계보건기구(WHO)의 정보에 대해서도 민감도 분석 차원에서 그 효과의 1/2인 1/6의 사망 위험이 감소하는 경우와 그 효과의 1/2인 1/6만큼 사망 위험 감소 효과가 증가하여 1/2의 사망 위험이 감소하는 경우의 확률적 인간생명가치(VSL)를 추정하였다. 매년 간암 검진으로 암사망 위험이 직면하고 있는 암사망 위험의 1/6만큼을 감소시키는 경우는 앞서 암검진 비용이 2배로 증가한 경우와 마찬가지로

확률적 인간생명가치(VSL)는 6억 4,219만원이다. 한편 매년 간암 검진으로 인한 암사망 위험이 1/2만큼 감소되는 경우에 확률적 인간생명가치(VSL)는 2억 1,407만원이다.

〈표 4-15〉 간암 검진 효과별 시나리오에 따른 확률적 인간생명가치(VSL) 추정 결과

간암 검진으로 인한 사망 위험의 감소 시나리오	1/6 감소 (기준안의 1/2배)	1/3 감소 (기준안)	1/2 감소 (기준안의 1/2배만큼 사망 위험 감소 효과의 추가 증가)
확률적 인간생명가치(VSL)	6억 4,219만원	3억 2,110만원	2억 1,407만원

그러므로 간암 검진 행위로부터 도출한 확률적 인간생명가치(VSL)는 본 연구의 기본 상정에 따를 경우 3억 2,110만원이고, 가능한 상황에 대한 민감도 분석의 결과를 포함할 경우 1억 6,055만원～6억 4,219만원으로 추정되었다. 이 값들은 특정 환경 내지 보건 정책으로 변화하는 사망 위험의 감소에 따른 사회적 편익 또는 사망 위험 증가에 따른 사회적 비용을 측정할 수 있는 단위값으로 활용할 수 있을 것이다.

한편 기존 연구에서의 대상과 확률적 인간생명가치를 검토하면, 간장파동 사례 분석을 한 엄영숙(1996)의 연구에서는 630만원～11억 6,000만원, 자동차 안전벨트 착용이라는 회피행위모형을 이용한 엄영숙(1997)의 연구에서는 1억 8,000만원～8억 6,000만원, 미래의 사망가능성 감소에 대한 신영철 외(2003)의 연구에서 4억 6,600만원(95% 신뢰구간 3억 3,900만원～5억 9,400만원), 만성호흡기 질환 사망률에 대한 조용성(2003)의 연구에서 471만원～552만원, 울산지역 대기중 벤젠으로 인한 암사망에 대한 이용진 외(2004)의 연구에

서 3억 6,000만원(95% 신뢰구간 3억 2,000만원~4억원), 사망 위험의 속성별 가치에 대한 신영철(2007)의 연구에서 11억 2,800만원~18억 3,300만원이었다. 본 연구의 기본 상정에서 도출된 확률적 인간생명가치는 진술선호법을 이용한 신영철(2003, 2007)의 연구에서 추정된 값보다 낮지만, 제시한 구간으로 볼 때는 회피행위접근법에 의해 안전벨트 착용 자료를 분석한 엄영숙(1997)의 범위와 상당 부분이 겹치고 있다. 확률적 인간생명가치에 대한 국내 연구가 많지 않기 때문에, 현재의 수준에서 기존 연구와의 비교에서 특별한 결론을 분명하게 이끌어내기에는 어려움이 있다고 생각된다.

단지 본 연구에서 도출된 확률적 인간생명가치(VSL)는 회피행위에서의 비효용 비용을 포함하지 못한 점을 감안할 때, 확률적 인간생명가치(VSL)의 하한값으로서 의미가 있다고 생각된다.

제5장 진술선호법

제1절 개 요

앞에서 설명된 현시선호방법 혹은 간접적 편익분석모형들은 모두 소비자의 사유재 및 시장재의 소비행위와 관련된 엄밀한 가정 하에 분석이 이루어지고 있고, 비교적 복잡한 계량경제학적인 분석절차를 필요로 한다. 그렇다면, 소비자의 행위와 관련된 엄밀한 가정이나 복잡한 추정절차를 거치지 말고 소비자가 환경질 개선을 위해 부담할 의사가 있는 금액을 직접 대답하도록 함으로써 이러한 복잡한 절차를 생략하고 보다 광범위한 환경재의 가치를 평가할 수 있지 않겠는가? 진술선호방법 혹은 직접평가법은 이러한 문제의식 하에서 사용되기 시작한 환경재 가치평가 방법으로서, 보다 광범위한 환경재의 가치평가를 위해 사용될 수 있고, 또한 사용가치 뿐만 아니라 존재가치까지도 평가할 수 있기 때문에 현재 환경재의 가치평가를 위해 가장 많이 사용되는 방법이다.

1947년 Ciriacy - Wantrup에 의해 공공재의 가치를 경제주체의 지불의사금액에 대한 직접적 조사를 통해 공공재의 가치를 추론할 수 있다는 조건부가치측정법(CVM : contingent valuation method)의 기본적인 입장이 처음으로 제시되었다. 그러나 이 방법론은 그 당시 거의 관심을 끌지 못하다가 거의 20년이 흐른 1963년에 Davis에 의해 학술적 연구에 처음으로 이용되었다. 그 후 John Krutilla(1967)에 의해 경제주체의 직·간접적 사용과 관련되지 않는 존재가치(existence value)와 Burton Weibrod(1964)에 의해 불확실성이 존재하는 경우에 미래에 소비할 수 있는 기회를 보장받기 위해 지불하고자 하는 선택가치(option value)라는 주요한 개념이 정립되었지만, 1970년대 말에 이르기까지는 많은 사람들이 이 방법에 관심을 갖지 않았다.[39]

그러나 1980년대에 들어서면서 미국에서 제정된 두가지 연방법률과 한가지 불행한 환경오염사고가 CVM을 격렬한 논쟁의 장으로 들여놓게 했다.(Portney, 1994: 6-7) 여기서 두가지 법률이란 환경오염 발생시 오염에 책임있는 집단으로 하여금 오염을 정화하는데 드는 비용을 지불하도록 하는 법안으로서 1980년의 CERCLA(the Comprehensive Environmental Response, Compensation & Liability Act of 1980)와 1986년 내무성(Department of Interior)에서 공표한 규제(U.S. Department of Interior(1986))이다. 이 두 법안에서는 오염으로 인한 피해의 범위에 오염으로 잃어버린 비사용가치를 명시적으로 포함시켰고 그 피해를 CVM을 사용하여 측정하도록 했다. 그런데 1989년 3월 알래스카의 프린스 윌리엄 사운드 해협에서 엑손 발데즈호에 의해 그 규모에 있어 인도 보팔시의 가스누출이나 소련의 체르노빌 핵발전소 사고에 비견되는 엄청난 규모의 석유유출 사고가 발생한다. 이 사고에 대한 엑손사의 피해보상금액이 사용가치에 기초한 피해 보상 뿐만 아니라 잃어버린 비사용가치에 대해서도 보상을 해야하는지와 관련하여, 비사용가치 개념 및 비사용가치를 측정하는 방법으로서의 CVM에 큰 관심이 집중되었다.

이 상황에서 석유유출의 가능성을 줄이고 발생한 피해복구를 목적으로 한 새로운 법률인 OPA(the Oil Pollution Act of 1990)가 1990

---

39) 이 기간동안 CVM과 관련된 연구로는 Ridker(1967), Hammack & Brown(1974), Cicchetti & Smith(1973), Acton(1973), Darling(1973), Randall, Ives & Eastman(1974), Hanemann(1978) 등이 있음.

년에 공표되고, 미해양기상청(NOAA: the National Oceanic and Atmospheric Administration)을 통해 활동하는 통상성(Department of Commerce)은 비사용가치와 CVM의 적합성을 검토하기 위해 노벨 경제학자 Kenneth Arrow와 Robert Solow를 포함하는 전문가 위원회를 구성한다. 이 위원회는, CVM이 자연자원 피해 측정에 사용될 만큼 충분히 믿을만한 비사용가치 즉, 존재가치의 추정치를 제공하는 것이 가능한지에 대한 견해를 제시할 것을 요청받게 된다. NOAA 위원회는 전문가들의 견해를 청취하는 과정을 거쳐 1993년에 제출한 최종보고서에서 "CVM이 지니고 있는 약점을 회피할 수 있도록 실행되는 경우에 CVM연구가 잃어버린 수동적 사용가치를 포함한 피해 측정의 재판과정에서 출발선이 되기에 충분히 믿을만한 추정치들을 얻을 수 있다고 결론짓는다."(Arrow et al., 1993)

그러나 NOAA 위원회에서의 결론에도 불구하고 아직까지 CVM의 신뢰성 및 타당성을 둘러싼 논쟁이 계속되고 있다. 이러한 논쟁과 더불어 다양한 투자에 대한 비용/편익 분석 및 환경오염의 피해 측정을 위한 환경재 가치측정의 필요성으로 CVM을 이용한 연구들이 급증하게 되었다.[40] 또한 그 동안 취급하기 힘들었던 존재가치 및 환경재 이외의 다른 대상들[41]에 그 적용범위를 계속적으로 넓혀가는 연구들이 이루어지고 있다.

---

40) Carson et al.(1994)은 1674편의 CVM의 연구들을 정리했다. 주요한 연구로는 Four Corners 지역의 대기질에 대한 Randall, Ives & Eastman(1974)의 연구, Southern California의 대기오염에 대한 Brookshire et al.(1982)의 연구, Clean Water Act로 인한 전국 수질 개선 편익에 대한 Carson & Mitchell(1993)의 연구, Monongahela River 정화에 대한 Smith & Desvousges(1986)의 연구, Grand Canyon에서의 래프팅에 대한 Boyle, Welsh & Bishop(1993)의 연구, 브라질의 음용수 공급에 대한 Briscoe et al.(1990)의 연구, 엑손 발데즈호의 석유유출에 대한 Carson et al.(1992)의 연구 등이 있음.

41) 예를 들어 심장마비로 인한 사망위험 감소(Acton(1973)), 호흡기질환 위험 감소(Krupnick & Cooper(1992)), 잡화점 물건들의 가격정보 개선(Devine & Marion(1979)) 등이 있음.

제2절 표본 및 조사 설계

1. 개 요

진술선호법은 표본조사를 통해 모집단의 지불의사금액에 대한 정보를 추론하고자 한다. 이 경우 표본설계 및 조사실행에서의 오류로 인한 편의가 발생할 수 있다. 이러한 편의의 발생은 표본조사에서 얻어진 자료를 통해 모집단의 특성을 추론할 때 왜곡을 가져온다. 표본설계 및 조사실행에서의 오류로 인한 편의에는 모집단 선택 편의(population choice bias), 표집틀 편의(sampling frame bias), 표본 불응답 편의(sample nonresponse bias), 표본선택 편의(sample selection bias)가 있다.

모집단 선택 편의는 연구자가 대상으로 하는 모집단을 잘못 설정하는 경우에 발생한다. 표집틀이란 표본단위들의 목록이다. 만약 모집단과 표집틀이 차이가 나는 경우에 표집틀 편의가 발생한다.

한편 표본 불응답 편의에는 표집단위의 불응답과 항목 불응답이 있다. 진술선호법의 시장 시나리오가 복잡한 경우 또는 가치측정 대상 재화가 응답자와 친숙하지 않은 재화인 경우에는 표본 불응답 편의의 가능성이 증가하게 된다. 표본 불응답이 발생할 때 대면조사한 응답자와 유사한 특성을 가지고 있다고 가정한다면 가중치를 사용하여 이를 조정할 수 있다.

표본 선택 편의는 진술선호법 설문 조사에 스스로의 판단에 의해 참여 여부를 결정하는 경우에 발생한다. 이 경우에는 가중치 조정방법으로 조정할 수 없으며, Heckman(1979)이 제시한 표본선택 모형(sample selection model)에 의해 추정해야 한다.

2. 표본 설계

진술선호법의 시장 시나리오가 충분히 현실적이라 하더라도 충분한 질을 보장하는 표본을 얻을 수 없다면, 모집단의 지불의사금액을 신뢰성있게 추정할 수 없게 된다. 표본의 신뢰성 높이기 위해서는 모집단을 대표할 수 있는 표본추출방식을 사용해야 한다.

1) 모집단과 표집단위의 확정

표본조사 설계과정의 기본골격은 다음과 같다. 우선 특정 하천복원사업에 의해 이용가치 및 비이용가치를 얻을 것으로 기대되는 집단을 모집단으로 설정하여야 한다. 모집단이란 연구의 대상이 되는 집단으로서, 조건부가치측정법(CVM)을 통해 가치측정하고자 하는 모집단을 잘못 지정하게 되면 모집단선택편의(population choice bias)가 발생한다. 그러므로 공공재에 대한 지불의사를 묻게 되는 조건부가치측정법(CVM) 조사에서 모집단은 재화공급에 따라 이익을 얻는다고 생각되는 집단을 선택해야 한다.

이 때 표집단위란 표집과정의 각 단계에서의 표집대상을 지칭한다. 표집단위는 개인일 수도 있지만, 표본추출이 여러 단계에 걸쳐 이루어질 때에는 개인이 아닌 집합체가 되기도 한다. 예를 들어 우리가 어느 한 도시에 거주하는 시민들의 태도를 조사하기 위해 처

음에 동을 선정하고, 다음에 각 동에서 가구들을 선정한 다음 최종
적으로 각 가구내에서 한 명씩 성인을 추출한다고 하자. 여기에서
표집단위는 동·가구·개인이 되며, 이들을 각각 1차표집단위·2차
표집단위·최종표집단위라 한다.

모집단과 표집단위가 설정되면 모집단을 포괄하는 표집틀(sampling
frame)을 마련해야 한다. 표집틀이란 표집단위의 기존목록이나 그
러한 목록을 만들어내는 방법이다. 모집단과 표집틀이 괴리되면 표
집틀편의(sampling frame bias)가 발생하게 된다. 이러한 편의가 발
생하면 추정결과를 모집단의 특성으로 일반화하기 어렵게 만든다.
예를 들어 전화조사에서 전화번호부를 표집틀로 이용하는 경우에
는 전화미보유자 및 전화번호부 미기재자로 인한 표집틀 편의가
발생한다.

2) 표집방법

어떠한 표집방법을 사용하든지간에 "표본의 추출은 기본적으로
그 표본이 추출될 확률을 계산할 수 있는 방법이어야 한다. 이는
각각의 표본이 추출될 확률이 동일하여야 한다는 것을 의미하는
것은 아니며 다만 표본추출확률(sampling probability)이 계산될 수
있는 방법이어야 한다."(대우경제연구소, 1994: 16) 전화조사를 통
한 표집에서는 응답자들의 이용가능한 전화기 수를 확인할 수 없
으므로 표본추출확률을 계산하기 힘들다.

3. 조사 설계

　설문조사를 위해 이용할 수 있는 조사방법은 대면 조사, 전화조사, 우편조사, 인터넷조사가 있다. 진술선호법 설문 질문들의 특성이 조사방법의 선택에 영향을 준다.

　첫째, 진술선호법 설문 질문들은 종종 조심스러운 설명을 필요로 하고, 시각적 보조물의 사용, 인터뷰의 보조와 순서를 조절하는 것이 복잡한 시나리오를 응답자에게 이해시킬 필요가 있다. 둘째, 지불의사금액을 유도해야 하기 때문에 응답자들에게 일반적인 설문조사의 노력보다 더 큰 노력을 요구하게 되므로, 응답자들에게 충분한 동기를 유발할 수 있어야 한다. 셋째, 표본으로부터 모집단의 편익을 추정해야 하므로 결측자료를 보충할 수 있는 기법들을 지원하는 조사방법을 이용할 필요가 있다.

　이러한 기준에 비추어 볼 때, 조사자가 응답자의 거주지에서 인터뷰하는 대면조사가 진술선호법 연구에 가장 바람직하다. 조사자의 존재는 응답자가 복잡하거나 다소 긴 인터뷰에 충분히 협조하도록 동기를 유발시키고, 조사자가 불명확한 응답을 관찰하고 이에 대한 자료를 얻을 수 있다. 또한 시각적 보조물의 사용은 정보를 전달하는 것을 도와준다.

　한편 대면조사와 비교해 전화조사는 응답자가 응답하도록 하는 동기유발능력을 감소시킨다. 전화조사에서는 시각적 보조물을 이용할 수 없어서 응답자의 상황에 맞춰 인터뷰를 조정하는 것을 어렵게 한다. 또 전화조사에서 불가능하지는 않지만 진술선호법 설문에서 제시되는 시나리오가 길어지는 경우 응답자의 관심과 집중을 유지하기 어렵다.

우편조사는 시각적 보조물을 사용할 수 있으므로 전화조사에 비해 장점을 지닌다. 그리고 조사자편의의 가능성을 피할 수 있다는 점에서 대면조사 및 전화조사에 비해 장점을 지니고 있다. 그러나 진술선호법의 관점에서 중요한 단점이 있다. 첫째, 우편조사는 응답자가 시나리오를 읽고 이해할 것을 요구하지만 이러한 방법으로 의미하는 바를 충분히 전달하기 힘든 경우가 많다. 즉, 진술선호법 설문에서 시장 시나리오가 짧고 단순하지 않거나 상당한 정도의 교육을 받지 않은 응답자에게 응답 동기를 유발하지 못하는 경우에는, 응답자는 진술선호법 설문에서 시장 시나리오의 중요한 요소를 놓치거나 잘못 해석할 수 있다. 둘째, 우편조사의 자기운영적 성격(self-administered character)에 기인한다. 이러한 성격으로 인해 설문에서 문항을 뛰어넘어 작성하는 수가 발생할 수 있다. 즉, 응답자들이 설문지를 채워넣기 전에 여기저기 읽어보는 것을 막을 수 없으므로 다음 시나리오에 대한 지식없이 정해진 순서로 답변해가도록 요구되는 시나리오를 사용할 수 없다. 그리고 표집과 관련하여 심각한 불응답 편의가 발생하기 쉽다.

인터넷조사 방식도 인터넷 환경의 급속한 확대와 인터넷 이용자의 증대로 전국의 가구를 대표할 수 있는 패널을 구축함으로써 기존의 설문 조사 방식을 대체할 수 있는 단계로까지 발전하게 되었다. 인터넷 설문조사의 경우 조사 시간 및 비용이 절감된다는 절대적인 이점에도 불구하고 정보전달의 정확도, 표본선택편의가 발생할 수 있다는 문제점이 존재할 수 있다. 정보전달의 정확도 측면에서 인터넷 조사를 수행할 경우 피설문자가 오히려 차분하게 전체적인 내용을 읽을 수 있어서, 피설문 가구를 방문하여 문앞에서 질의 응답을 수행할 때에 비하여 오히려 충분한 정보전달을 할 수 있는 이점이 존재할 수 있다. 또한 설문 조사가 인터넷을 사용하는 사람만을 대상으로 지불용의액을 추출하여 대표성이 떨어지는 표본선택편의 문제가 발생할 수 있다. 그러나 2005년 12월 현재 6세 이상 국민의 인터넷 이용률이 72.6%, 3,301만 명에 달하는 상황에서 표본선택편의는 예상보다 심각하지 않을 수 있다.[42]

조사에서 중요한 것은 얻어진 자료가 비교가능한 것 즉, 정보가 표준화된 형식으로 수집되어 응답자들의 대답이 상호 비교될 수 있는 것이 보장되어야 한다는 점이다. 이 목적을 위해 설문조사지의 작성을 위해 소규모집단(focus group)을 이용한 사전검사 과정을 거치는 것이 필요하고 조사자를 훈련시키는 것이 필요하다. David Riesman(1958)이 말했듯이, 조사자의 기본적인 임무는 "표준화되지 않은 응답자들에게 표준화된 설문지를 적합하게 하는 것"이다. 그러므로 조사자가 조사에 묘사된 다른 정보나 설명을 제공해서는 안 된다. 만약 이러한 지시를 엄정하게 따르도록 교육하지 않는다면 자료의 비교가능성이 상실된다. 그러므로 조사원이 조사과정에서 이러한 잘못을 범하지 않도록 교육하는 것이 필요하다.

---

42) 정보통신부·한국인터넷진흥원, 「2005년 하반기 정보화 실태조사」, 정보통신부 보도자료, 2006. 2. 2.

제3절 조건부가치측정법

1. 설문 설계

1) 설문지의 전반적 구성 및 절차

조건부가치측정법에서 이용하는 설문지의 전반적 구성은 크게 세부분으로 나눌 수 있다.

첫 번째 부분은 설문의 도입부로서 가치평가 대상 재화에 대한 인식이나 태도 등에 대해 질문한다. 여기서는 환경과 개발에 대한 일반적인 인식, 하천복원사업에 대한 전반적 인식 또는 태도와 더불어 유사시설에 대한 이용현황 및 개괄적 의견 등도 물어볼 수 있다. 그러한 질문들이 다소 답하기 쉽기도 하고 대상 재화에 대한 기본적인 정보를 파악할 수 있도록 해준다.

두 번째 부분은 조건부가치측정법(CVM)의 시장 시나리오(market scenario) 구축과 관련되는 부분이며, 하천복원사업의 이용가치 및 비이용가치까지 포함한 총체적 가치를 추정하기 위한 질문으로 구성된 설문에서 가장 중요한 부분이다.

그리고 마지막 부분은 응답자의 사회경제적 특성에 대한 질문으로 지불의사금액모형을 분석할 때 이용되는 변수들의 정보를 조사한다. 또한 앞서 진행한 질문들에 대한 의견을 묻는 질문을 포함하기도 한다.

조건부가치측정법(CVM)은 가치측정의 대상이 되는 재화와 관련한 시장 시나리오를 구축하여 모집단을 대표하는 설문 응답자에게 제시한 뒤, 이 설문조사를 통해 얻은 답변 자료를 이용하여 그 재화의 가치를 추론하는 방법이다. 조건부가치측정법(CVM)을 이용해 하천복원사업과 같은 비시장재화의 가치를 측정하기 위해서는, 응답자에게 제시하는 설문을 통해 대상 재화(the good being valued)가 거래되는 시장시나리오를 만들어 놓아야 한다. 이 시장시나리오에는 가치를 측정하고자 하는 대상 재화, 시장 유형(market type), 지불의사 유도방법(elicitation method), 지불수단(payment vehicle) 등이 포함되는데, 이것이 제대로 만들어졌느냐의 여부가 조건부가치측정법(CVM) 조사의 성패를 좌우할 수 있다.

조건부가치측정법(CVM) 시장시나리오를 설계할 때 응답자로부터 답변을 유도할 수 있도록 충분한 동기를 주어야 한다는 점이 가장 중요하다. Mitchell and Carson(1989)에 따르면, 조건부가치측정법(CVM) 시장시나리오는 일반적으로 이해가능성(understandability), 적절성(plausibility), 의미성(meaningfulness)이란 세 가지 기준을 충족해야 한다고 한다. 이에서 한 걸음 더 나아가 Carson(1991)은 이 외에 이론적 정확성 및 정책과의 관련성이란 기준도 함께 충족되어야 한다고 지적하였다.

그렇기 때문에 본격적인 조사를 실시하기에 앞서 소규모집단조사(focus group interview) 및 사전조사 등을 통해 응답자의 반응을 미리 검토해 볼 필요가 있다. 이와 같은 검토과정을 거쳐 응답자들이 연구자의 의도를 정확하게 이해할 수 있도록 수정, 보완해 최종적인 조건부가치측정법(CVM) 시장시나리오를 구축하는 것이 바람직하다.

2) 가치 평가 대상 재화와 재화의 공급

조건부가치측정법(CVM)을 이용해 가치측정하려는 대상은 대기질, 수질, 독성 화학물질의 위험 등과 같이 설명하기가 쉽지 않다. 그러므로 시장 시나리오 설계의 대부분은 대상 재화를 적절하게 묘사하는 것과 관련된다. 마찬가지로 하천복원사업으로부터 얻게 되는 다양한 서비스를 적절하게 전달할 수 있도록 설명하여야 한다. 가급적 정확한 정보를 전달하도록 대상 재화를 설명하되, 일반인 응답자가 이해하기 어려운 변화를 지나치게 구체적으로 설명하는 것은 불필요할 수 있다.

Davis는 재화의 친근성을 중요시하여 재화의 이용자만을 인터뷰해야 한다고 주장하였다. 그러나 개인적 경험과 시각적 보조물 등의 정보를 이용하여 재화와 재화의 공급수준을 응답자들이 이해하도록 할 수 있기 때문에, 이용자만이 의미있는 지불의사금액(WTP)금액을 말할 수 있다고 보는 것은 극단적이고 하천복원사업으로 직·간접적 영향을 받는 대상자들을 대상으로 조사할 필요가 있다.

한편 대상 재화가 어떤 주체에 대해 공급되는지도 설명에 포함할 필요가 있다. 이러한 대상 재화의 공급 주체를 분명히 하는 과정에서, 하천복원사업의 현실성 및 적절성에 대한 정보가 응답자에게 부가적으로 전달될 수 있다.

3) 조건부가치 시장의 유형

정치적 시장모형이라 할 수 있는 주민투표 모형(referendum model)을 적용한다. 즉, 특정 하천복원사업을 위한 일정한 금액을 제시하고 그 금액을 지불할 의사가 있는지 없는지 여부를 양분선택적으로 답변(즉, '예'와 '아니오')하도록 한다.

이러한 시장은 한편으로 일반 시장에서 소비자들이 직면하는 상황과도 유사하다. 일반적으로 시장에서는 상품에 대해 제시된 가격을 보고 구입 여부를 양분선택적으로 결정하기 때문이다. 그러나 특정 하천복원사업의 경우는 일반 시장에서 거래되는 재화가 아니고, 공공재의 공급 여부를 결정하기 위한 주민투표 상황과 더 유사하다고 볼 수 있다.

4) 지불수단 및 지불의사 유도방법

모든 조건부가치측정법(CVM) 연구는 응답자로부터 일정한 지불의사금액을 유도해야만 한다. 그러므로 특정한 유도방법과 지불형식(payment format)을 결정할 때는 우선, 방법과 형식이 (주민투표와 같이) 관련 제도와 어느 정도 동일한가 하는 정도, 둘째, 응답자의 결정을 단순화할 수 있는 정도, 셋째, 편의로부터 자유로운 정도를 기준으로 삼아야 한다.

조건부가치측정법(CVM) 연구에서 이용된 지불의사 유도방법으로는 개방형 질문법, 경매법, 지불카드 이용 질문법, 단일 양분선택형 질문법, 이중 양분선택형 질문법 등이 있다. 개방형 질문법은 경매법 또는 지불카드 방법보다 신뢰성이 낮다. 왜냐하면 응답자들이 일반적으로 조건부가치측정법(CVM)에서의 평가대상이 되는 재화의 가격을 책정하는 일에 친근하지 않기 때문이다. 그리고 경매법은 처음 제시되는 금액에 따라 응답자의 지불의사금액(WTP)가 유의한 영향을 받는 출발점 편의(starting point bias)를 발생시키고, 지불카드 이용 질문법은 제시된 지불카드에 표시된 금액 범위내에서 선택하게 되어 범위편의(range bias)를 발생시킨다.

한편 Bishop과 Heberlein(1979)은 개방형 질문법, 경매법, 지불카드 이용 질문법이 가지고 있는 한계를 극복할 수 있는 방법으로 양분선택법(take – it – or – leave – it method) 또는 단일경계 폐쇄형(single – bound close – ended) 질문법을 최초로 제안하고 적용하였다. Heberlein(1986)은 양분선택법이 다른 유도방법보다 더 신뢰적임을 발견했다. 왜냐하면 양분선택법은 응답자에게 무작위로 제시된 금액에 대해 응답자가 자신이 쾌적성에 대해 지불하고자 하는 금액보다 높은지 또는 낮은지에 따라 '예/아니오'만을 말하면 되기 때문이다. 이 유도방법은 개방형 질문법 또는 경매법이 가지고 있는 대부분의 편의를 극복할 수 있는 반면에, 응답자들로부터 얻는 정보의 양이 감소하기 때문에 신뢰성 회복을 위해서는 더 큰 표본크기를 유지해야 하는 단점을 지니고 있다. 또한 최근 Green et al.(1995)에 의해 출발점 편의의 심리학적 근거인 정박효과(anchoring effect)가 존재할 수 있다고 지적하였다.

이러한 단일 양분선택형 질문법의 효율성 상실을 극복하기 위해 Hanemann(1985), Carson(1985), Carson과 Hanemann과 Mitchell(1986)은 양분선택질문을 연이어 한번 더 하는 방법을 사용하여 자료의 효율성을 높일 수 있다고 제안했다. 이러한 방법을 이중 양분선택형(dichotomous choice with a follow – up) 또는 이중경계 폐쇄형(double – bound close – ended) 질문법(지불의사 유도방법) 이라 부른다. 그러므로 이중 양분선택형 질문법이 무조건적 긍정 또는 부정

편의나 정박효과가 심각하게 발생하지 않는다면, 이중 양분선택형 질문법이 응답자의 지불의사금액 유도시 자료의 효율성을 높일 수 있는 방법이다.

일반적으로 이 질문형식은 일단 어떤 특정한 금액을 제시하고 이 금액을 지불할 용의가 있다고 응답하는 경우 첫 번째 제시금액의 약 2배에 해당하는 금액을 제시하는 한편, 그렇지 않다고 응답하는 경우에는 첫 번째 제시금액의 약 1/2에 해당하는 금액을 제시하는 방식으로 진행된다. 이와 같은 방식은 일정한 금액을 낼 의사가 있는지를 단 한번만 제시하고 응답하게 하는 單一兩分選擇型(dichotomous choice or take－it－or－leave－it) 질문형식에 비해 통계적 효율성의 측면에서 상대적으로 더 나은 점이 있을 뿐 아니라 제시금액 (bid)들의 설계가 잘못되는 경우에도 이를 수정할 수 있는 장점을 지니고 있는 것으로 알려져 있다.(Kanninen, 1993a)

5) 제시금액의 설계

기존의 제시금액 설계방식은 모수의 값을 알고 있다고 가정한 경우에 제시금액을 어떻게 설계하는 것이 가장 효율적인지에 대한 제시금액 최적 설계방식에 대한 연구들이 있다. 제시할 금액의 최적설계 방식에는 Finney(1971), Silvey(1980), Kanninen(1993b)이 제안한 방식을 이용할 수 있다. 그러나 최적 설계 방식은 이론적으로 하나 또는 두 개의 제시금액의 설계가 된다. 사전적으로 지불의사금액의 분포를 정확히 알고 있을 경우 효율적인 설계 방식이 될 수 있지만, 그렇지 못할 경우에는 효율적인 설계가 되지 않는다. 그러므로 제시금액 최적 설계 방식은 지불의사금액의 실제 분포를 알 수 없는 상황에서 이루어지는 조사에서 이용하기에는 다소 한계를 가지고 있다.

제시금액 설계와 관련한 일반적 경험법칙은 단일양분선택형 질문에서는 15분위수와 85분위수 이내, 이중양분선택형 질문에서는 10분위수와 90분위수 이내로 설계하여 분포의 꼬리부분의 값들을 제거할 것을 요구한다. 일반적으로 사용되고 있는 분위수에 기초한 제시금액 설계방식은 최적설계와 비교하면 효율성이 떨어지고 있지만, 그러한 방법이 배제되어야 하는 수준은 아니고 오히려 최적설계에서 얻은 결과와 유사해지고 있다. 특히 이중 양분선택형 질문을 사용하는 경우에는 첫번째 제시금액이 잘못 제시되더라도 이를 정정할 수 있는 능력이 있기 때문에 상대적으로 넓은 범위를 포괄하더라고 단일 양분선택형 질문처럼 심각한 편의를 발생시키지 않는다.

2. 지불의사금액모형 및 추정방법

1) 지불의사금액모형

하천복원사업은 공공재의 공급량이나 질을 변화시킨다. 개인의 입장에서는 자신이 소비하는 공공재의 공급량이나 질은 대개의 경우 스스로 선택할 수 없고 외생적으로 주어져 있다. 그러므로 공공재의 공급량이나 질의 변화로 인한 편익은 소비자에게 외생적으로 주어져 있는 공공재의 공급량이나 질이 소비자의 후생에 어떤 영향을 주는가에 의해 파악할 수 있다. 만약 정부가 공공재의 공급량을 늘린 결과 환경의 질이 개선되었다고 하자. 그러면 소비자의 후생이 증가될 것이며, 바로 그 후생의 증가폭을 지불의사금액이라는 개념으로 표현할 수 있다. 공공재의 공급이 줄어 환경의 질이 악화된 경우에는 지불의사금액이 음(陰)의 값을 가지며, 이는 그와 같은 변화를 막기 위해 소비자가 최대한으로 지불할 용의가 있는 금액이라는 의미가 된다. 이 지불의사금액은 여러 가지 방법으로 측정될 수 있는데, 그 한 예가 힉스잉여(Hicksian surplus) 개념으로 측정하는 방법이다.

힉스잉여의 개념은 크게 보상잉여(compensating surplus)와 대등잉여(equivalent surplus)로 나누어 볼 수 있다. 공공재 공급량의 증가로 인한 후생 변화는 힉스의 보상잉여 개념으로, 공공재 공급량의 감소로 인한 후생 측정은 힉스의 대등잉여 개념으로 파악하는 경우 소비자의 최대 지불의사금액이란 형태로 파악된다. 한편 공공재의 공급량 증가의 경우 후생변화를 힉스의 대등잉여 개념으로, 공공재 공급량의 감소로 인한 후생 측정을 힉스의 보상잉여 개념으로 파악하면 소비자의 최소 수용의사금액(willingness − to − accept)으로 정의할 수 있다. 조건부가치측정법(CVM) 연구에서 일반적으로 이용되는 공공재 공급량의 변화로 인한 후생 변화를 소비자의 지불의사금액으로 정의하는 방식을 취한다.

양분선택형 조건부가치측정(CV) 자료에 대한 기본 모형은 확률효용모형(random utility model: RUM)이다. Bishop과 Heberlein이 양분선택형 질문 방식을 조건부가치측정(CV)에 도입했지만, Hanemann(1984)이 확률효용모형의 기본 모형을 정립하였다. MaFadden(1974)

이 발전시킨 확률효용모형을 이용하여 Hanemann은 양분선택 조건부가치측정(CV) 질문들에 대한 응답 자료를 이용하여 추정 및 해석할 수 있도록 정립하였다.(Habb과 McConnell, 2002)

확률효용모형에 따르면 효용함수는 결정된 선호(deterministic preferences) 부분과 확률적 선호(stochastic preference) 부분으로 나누어진다. 개인들은 자신의 선호를 확실하게 알고 있기 때문에 자신의 선호를 확률적이라고 생각하지 않는 반면, 연구자에게는 파악되지 않아서 확률적(stochastic)이라고 취급될 수 있는 부분이 생겨나게 된다. 이 관찰되지 않는 부분은 개인의 특성 또는 가치평가 대상의 속성들에서 기인할 수 있다. 또한 모집단에서 개인들 선호의 변이(variation)와 측정 오차(measurement error) 양자로부터 발생할 수도 있다. 이제부터 선호의 확률적 부분을 ϵ 라고 표시하면 간접효용함수(indirect utility function)는 다음과 같다.

$$v(y, Z, q, \epsilon) \tag{5.1}$$

여기서 y는 개인의 소득, Z는 시장재의 가격들, 시장재의 속성들, 기타 선호와 관련된 개인들의 특성 등을 포함하는 다양한 독립변수들의 벡터, q는 비시장재화(non-market goods), ϵ는 개별 응답자 자신은 알고 있지만 연구자에게는 관찰되지 않는 선호 부분이다.(Hanemann과 Kanninen, 1999)

여기서 $q^1 > q^0$ 로서 q^1은 q^0에 비해 개선된 상태라고 가정하면 다음과 같은 관계가 성립한다.

$$v(y, Z, q^1, \epsilon) > v(y, Z, q^0, \epsilon) \qquad\qquad (5.2)$$

Cameron and James(1987)과 Cameron(1988)이 제안한 방식에 따라 보상잉여(compensating surplus) 개념을 직접 측정할 수 있다. 이 경우 보상잉여를 CS 라고 하면 다음의 식을 만족한다.

$$v(y - CS, Z, q^1, \epsilon) = v(y, Z, q^0, \epsilon) \qquad\qquad (5.3)$$

그러므로 $CS = CS(y, Z, q^0, q^1, \epsilon)$는 q^0에서 q^1로의 변화시키기 위한 최대 지불의사금액(maximum WTP)이다.

$$WTP_i^* = CS = CS(y, Z, q^0, q^1, \epsilon) = X_i^{'}\beta + \epsilon_i \qquad\qquad (5.4)$$

여기서 WTP_i^*는 응답자가 마음속에서 지불할 용의를 갖는 금액, 즉 내재 지불의사금액(underlying WTP), X는 소득을 포함하여 다양한 설명변수들의 벡터, β는 설명변수의 계수 벡터를 뜻하며, 오차항 ϵ_i는 특정 분포를 따른다고 가정한다.

2) 지불의사금액모형의 추정방법

설문조사 결과를 통해 식 (5.4)에서 정의된 응답자의 내재 지불의사금액 WTP_i^*가 직접적으로 관찰될 수는 없다. 어떤 사람에게 특정한 금액을 지불할 의사가 있는지를 묻고 이에 대해 '예' 혹은

'아니오' 중 하나의 응답만을 얻을 수 있기 때문이다. 그러나 다음과 같은 과정을 통해 간접적으로 응답자의 내재지불의사금액을 알아낼 수 있다. 특정 하천복원사업을 위해 주민이 제시된 금액을 부담할 용의가 있느냐는 질문에 접한 응답자는 마음속에서 그 금액을 WTP_i^*와 비교해 '예' 혹은 '아니오'의 응답을 하게 된다. 즉 그 금액이 WTP_i^*보다 작으면 '예', 그리고 반대의 경우라면 '아니오'라는 대답을 할 것이다. 이 사실에 입각해 다음과 같은 지시함수(indicator function)를 정의할 수 있다.

$$I_{ji} = 1 \qquad \text{if} \quad WTP_i^* \geq t_{ji}$$
$$I_{ji} = 0 \qquad \text{if} \quad WTP_i^* < t_{ji}, \; j = 1, 2$$

첫 번째 단계에서 i번째 사람에게 제시된 금액이t_{1i}인데 이에 대한 그의 양분선택적 응답이 '예'로 나왔다면 I_{1i}은 1의 값을 갖게 된다. 이로부터 응답자에게 첫 번째로 제시된 금액이 그의 내재 지불의사금액보다 더 작거나 같다는 정보를 얻을 수 있게 된다. 만약 그의 응답이 '아니오'로 나왔다면 I_{1i}는 0의 값을 갖고, 이 경우에는 제시된 금액이 그의 내재 지불의사금액보다 더 컸다는 정보를 얻게 된다.

본 조사에서는 이중 양분선택형 설문방식을 채택하고 있기 때문에 이 첫 번째 단계의 질문에 대해 어떻게 응답하느냐에 따라 금액을 조정해 또 다시 제시하게 된다. 즉 '예'라고 대답한 사람에게는 그렇다면 첫 번째 제시된 금액보다 더 큰 금액(예컨대 약 2배에 해당하는 금액)도 낼 용의가 있느냐고 묻는다. 반면에 '아니오'라고 대답하는 경우에는 그보다 더 작은 금액(예컨대 약 1/2에 해당하는 금액)이라면 낼 용의가 있는지를 묻는다. 이렇게 두 번째 단계에서 제시된 금액을 t_{2i}라고 할 때, 이에 대한 응답이 '예' 혹은 '아니오'인지에 따라 I_{2i}가 각각 1과 0의 값을 갖는다.

어떤 사람에게 두 단계에 걸쳐 제시한 금액에 대한 양분선택적 응답 결과는 두 번 모두 긍정하는 경우, 첫 번째에 긍정하고 두 번째는 거절하는 경우, 첫 번째는 거절하고 두 번째는 긍정하는 경우, 두 번 모두 거절하는 경우의 네 가지 중 하나가 된다. 즉 (I_{1i}, I_{2i}) $=(1,1)$, $(1,0)$, $(0,1)$, $(0,0)$가 되는 것이다. 따라서 로그우도함수(log likelihood function)는 다음과 같이 쓸 수 있다.

$$\ln L = \sum_i \left\{ (I_{1i} I_{2i}) \ln[1 - F(t_{2i} : \theta)] \right.$$

$$+ I_{1i}(1 - I_{2i}) \ln[F(t_{2i} : \theta) - F(t_{1i} : \theta)]$$

$$+ (1 - I_{1i}) I_{2i} \ln[F(t_{1i} : \theta) - \Phi(t_{2i} : \theta)]$$

$$+ \left. (1 - I_{1i})(1 - I_{2i}) \ln[F(t_{2i} : \theta)] \right\} \tag{5.5}$$

여기서 $F(\cdot : \theta)$는 분포와 관련된 모수 θ를 갖는 누적확률밀도함수(CDF)이다.

한편 단일양분선택형 자료로 해석하여 분석하는 것도 가능하다. 이 경우에는 첫 번째 제시금액에 대한 양분선택적 응답만을 자료화하여 분석하면 된다. 단일양분선택형 자료만 이용할 때의 로그

우도함수는 다음과 같다.

$$\ln L = \sum_i \left\{ I_{1i}\ln[1 - F(t_{1i} : \theta)] + (1-I_{1i})\ln[F(t_{1i} : \theta)] \right\} \qquad (5.6)$$

따라서 특정 분포가 가정되면, 일반적인 최우추정기법(maximum likelihood method)에 의해 계수벡터 β와 가정된 분포 관련 모수 θ에 대해 이 함수값을 극대화함으로써 관심대상인 계수들의 값을 구할 수 있다. 여기서 지불의사금액 분포는 웨이블(Weibull) 분포를 비롯한 다른 분포에 따른다고 가정하고 분석할 수 있다.

제4절 선택실험법

1. 설문 설계

1) 설문지의 전반적 구성 및 절차

선택실험법(CE)에 이용하는 설문지의 전반적 구성도 조건부가치측정법 설문과 마찬가지로 세 가지 부분으로 나누어질 수 있으며, 그 내용도 유사하다. 단지 두 번째 부분이 조건부가치측정법에서의 설문과 달리 대상 재화의 다양한 속성·수준별 가치를 추정하기 위한 선택 대안들에 대한 부분으로, 대상 재화의 속성·수준별 가치평가와 관련된 질문으로 구성된다.

실험선택법(CE) 설문의 설계는 아래 그림에 나와 있듯이, 7단계를 거치게 된다.

우선 대상 재화를 선정(1단계)하고 나면, 포괄적인 문헌조사와 전문가 회의 등의 소규모집단조사를 통하여 대상 재화의 속성과 수준을 결정한다(2단계). 다음에는 실험 설계(experimental design) 방식을 이용하여 선택 대안(choice profile) 및 선택 대안들의 집합(choice set)을 설정하게 된다(3단계). 이후에는 표본 및 조사 설계를 하고(4단계), 설문지 작성 및 사전조사를 통한 수정·보완 과정을 거쳐 최종 설문지를 확정하게 된다(5단계). 이어서 설문조사를 수행하고(6단계) 조사된 자료를 계량경제학적으로 분석하여 대상 재화의 속성 및 수준별 가치를 도출한다(7단계).

〈표 5-1〉 실험선택법(CE)에 의한 편익 분석 절차

제 1 단계	가치평가 대상선정 : 특정 하천복원사업
제 2 단계	포괄적 문헌조사 및 전문가 회의를 통해 지불수단을 포함한 특정 하천복원사업의 속성 및 수준의 결정
제 3 단계	실험계획법(experimental design)을 통해 선택대안 및 선택대안 집합 도출
제 4 단계	표본 및 조사 설계
제 5 단계	설문지 작성 및 사전조사를 거쳐 수정·보완
제 6 단계	설문조사 실행
제 7 단계	실증분석을 통하여 특정 하천복원사업의 속성 및 수준별 가치 도출

2) 속성 및 수준의 선택

이 단계에서는 평가 대상 재화의 중요 속성들을 파악하여야 한다. 여기에는 대상 재화와 관련하여 사람들이 선호를 갖고 있을 것이라 생각되는 요소들이나 정책에 의해 영향을 받게 되는 속성 및 수준들을 고려하게 된다.

하천복원사업의 속성 및 수준은 청계천 복원사업의 예를 감안할 경우, 하천형태(인공형, 자연형), 수질(5급수 미만, 4·5급수, 3급수, 2급수), 수변공간(둔치, 산책로, 산책로＋휴게시설, 산책로＋휴게시설＋광교·수표교 및 역사문화 복원), 지불의사금액(1,500원/가구·월, 3,000원/가구·월, 4,500원/가구·월, 6,000원/가구·월) 등과 같이 설정할 수 있다. 여기서 하천형태, 수질, 수변공간, 지불의사금액은 하천복원사업의 속성(attribute)을 의미한다. 그리고 속성에서의 구분은 수준(level)으로 표시된다. 하천형태는 2가지 수준으로 구분한 반면 나머지 속성들의 경우에는 4가지 수준을 가지고 있다. 하천복원사업의 각 속성 및 수준, 지불의사금액에 대한 내용을 청계천 복원사업에서 이용된 자료를 예시하면 다음과 같다.(서울특별시·서울시정개발연구원, 2003)

(1) 하천의 형태

도시 하천을 호안공법을 기준으로, 인공형 하천과 자연형 하천으로 구분한다. '호안'이란 물 흐름에 의한 하천 양쪽 둔덕의 침식을 방지하기 위하여 비탈면에 시공하는 공작물을 의미한다.

- 인공형 하천: 홍수 배제가 주목적임. 콘크리트 호안으로 정비된 하천

- 자연형 하천: 하천 생태계 재생이 주목적임. 식생 호안으로 정비한 하천, 자연 하천이 아니라 자연형으로 정비한 하천임.

〈표 5-2〉 청계천복원사업에 대하여 선택실험법(CE) 적용 위한 속성 및 수준

속 성	수 준			
하천 형태	인공형 (콘크리트 직강 수로)		자연형 (식생 풍부, 생태 복원)	
수 질	5급수 미만 (악취 발생)	4, 5급수	3급수 (수영을 제외한 물놀이 가능)	2급수 (모든 물놀이 가능)
수변 공간	둔 치	산책로	산책로＋휴게시설	산책로＋휴게시설 ＋광교・수표교 및 역사문화 복원
지불의사금액	1,500원/가구/월 (매년 가구당 18,000원)	3,000원/가구/월 (매년 가구당 36,000원)	4,500원/가구/월 (매년 가구당 54,000원)	6,000원/가구/월 (매년 가구당 72,000원)

(2) 하천의 수질

기존 연구들 가운데에는 수질 개선에 따른 환경가치를 추정하면서 '수질 사다리'를 이용하기도 하지만, 통상 하천의 수질을 관리할 때 많이 이용하는 수질 등급을 활용하되, 표현을 일반인이 이해하기 쉽도록 보충 설명하여 수준을 설정한다.

- 5급수 미만: 물에서 악취가 나며, 물 색깔은 짙은 회색 (BOD 10mg/ℓ 초과)

- 4・5급수: 물에 들어가서 오래 있으면 피부병이 생길 수 있으며, 물 색깔은 황갈색 또는 다갈색 (BOD 10mg/ℓ 이하)

- 3급수: 수영용수로는 부적합하나, 낚시와 뱃놀이와 같은 물놀이가 가능한 정도의 수질이며 공업용수로 사용되는 물 (BOD 6mg/ℓ 이하)

  － 2급수: 수영을 포함하여 모든 물놀이가 가능하며, 수돗물을 만
    드는데 지장이 없는 물 (BOD 3mg/ℓ 이하)

(3) 수변 공간

시민 편의를 위한 활용 정도에 따라서 '수변 공간' 속성의 수준
을 구분한다. 한편 청계천은 다른 하천과 달리, 조선 시대의 역사
문화가 광교, 수표교, 양안석축 등 곳곳에 배여 있다는 점을 반영
하여 '역사성'을 수변 공간이라는 속성의 한 '수준'으로 반영한다.

  － 둔치: 청계천 복개구조물을 철거할 때 드러나는 물가의 언덕을
    의미함
  － 산책로: 둔치에 시민들이 이용하기 편리하도록 산책로를 조성함
  － 산책로＋휴게시설: 둔치에 산책로를 조성하고, 운동시설 등의
    휴게시설을 조성함
  － 산책로＋휴게시설＋광교・수표교 및 역사문화 복원: 둔치에 시
    민들이 이용하기 편리하도록 산책로와 휴게시설을 갖추고, 광
    교・수표교 등의 옛 다리를 복원하고 주변 역사문화유적과 연
    계하여 문화거리를 조성함.

(4) 지불의사금액

청계천복원으로 가구당 부담해야 할 추가 세금을 의미하며, 환경
편익에 대한 지불의사금액에 직접적으로 영향을 준다. 기존 연구,
소규모집단조사, 예비설문조사를 바탕으로 비용 속성의 수준을 결
정한다.

3) 선택대안 및 선택대안 집합 선택

선택대안(choice profiles or choice alternatives) 및 선택대안 집합
(choice sets)의 구성을 위해, 주효과 직교설계(main effect orthogonal
design)를 일반적으로 이용한다.

앞서 예로 든 청계천 복원사업의 경우, 속성은 총 5가지이며 각
속성 수준은 2~4개의 수준으로 설정하였다. 이 경우 전체 선택대
안집합을 모두 고려하는 것은 현실적으로 불가능하기 때문에, 주효
과 직교설계를 실시하여 선택대안 및 선택대안 집합들을 도출한다.
이들 선택대안집합들은 한 응답자가 답변하기에는 많은 분량이므
로, 몇 개의 블록으로 배분하여 응답자별로 4~8개 정도의 선택대
안집합에 대해 답변하도록 하는 것이 바람직하다.

선택대안집합으로는 주효과 직교설계를 통해 작성된 4개의 속성
으로 이루어진 선택대안 2개와 '둘 다 선호하지 않음'에 해당하는
1개의 선택대안을 포함하여 총 3개의 선택대안이 포함되어 제시되
었다. 청계천 복원사업의 경우에 '둘 다 선호하지 않음'이라는 대안
은 '환경개선 편익을 추정하기 위한 기준점'이라고 제시되어 있고,
인공형 하천에 5급수 미만의 수질로 둔치만을 갖춘 형태이며 세
금은 내지 않은 경우로 상정되어 있다.(<그림 5-1> 참조) '둘 다
선호하지 않음' 대안은 제안된 대안 대신 현재의 상태를 선호할 수
있는 가능성을 보장하기 위해 필요한 설정이다.

속성	환경개선 편익을 추정하기 위한 기준점 □	복원 대안 1 □	복원 대안 2 □
하천 형태	인공형 하천	인공형 하천	자연형 하천
수질	5급수 미만	2급수	2급수
수변 공간	둔치	산책로	둔치
그림 설명			
세금		매달 가구당 3,000원 (매년 가구당 36,000원)	매달 가구당 6,000원 (매년 가구당 72,000원)

〈그림 5-1〉 선택대안의 예시

2. 지불의사금액모형 및 추정[43]

실험선택법(CE) 기법은 두 가지에 기초하고 있다. 첫 번째는 Lancaster의 속성별 가치 이론(Lancaster, 1966)으로서 모든 재화는 속성들과 그 속성들의 수준의 묶음으로 묘사될 수 있다는 것이다. 예를 들어, 자동차의 경우는 엔진의 배기량, 색상, 안전도 등급, 성능 및 기타의 특성들로 설명될 수 있다. 다양한 공공재들뿐만 아니라 사망 위험 속성의 경우도 마찬가지로 생각할 수 있다.

두 번째는 확률효용모형(random utility model, RUM)으로서 선택과 관련하여 관측 가능한 정형화된 효용 부분과 관측이 불가한 오차 부분으로 나누어져 있다는 것이다.

---

43) 박현 외(2004), 99~101쪽 발췌·인용함.

실험선택법(CE)은 특정 하천복원사업의 속성별 경제적 가치에 대한 각 응답자들의 속성별 지불의사액을 추정하기 위해 확률효용모형(random utility model, RUM)을 이용하여 정형화할 수 있다. McFadden(1974)에 의해 개발된 다항로짓모형(multinomial logit model)은 특정 하천복원사업의 다양한 편익속성변수들이 어떻게 응답자의 선택확률에 영향을 주는지를 모형화하는데 있어 통계적인 체계를 제공한다.

이 모형에서 가장 기본이 되는 것은 간접효용함수이다. 응답자 i가 선택대안 집합 C_i 내의 한 선택대안 j로부터 얻는 간접효용함수는 다음과 같이 표현될 수 있다.

$$U_{ij} = V_{ij}\,(Z_{ij}, S_i) + e_{ij} \tag{5.7}$$

여기서 V_{ij}는 관측이 가능한 정형화된(deterministic) 부분이고, e_{ij}는 관측이 불가능한 확률적(stochastic) 부분이다. V_{ij}는 현재의 선택대안과 가상의 선택대안들의 속성들(Z_{ij})과 개별 응답자들의 특성치들(S_i)의 함수이다.

응답자 i가 선택대안 집합 C_i내의 j번째 대안이 아닌 모든 대안들에 대해 $U_{ij} > U_{ik}$을 만족한다면, 선택대안 j를 선택할 것이다. 이 때, 응답자 i가 선택대안 j를 선택할 확률은 다음과 같이 주어진다.

$$P_i(j|C_i) = \Pr\{V_{ij} + e_{ij} > V_{ik} + e_{ik}\} = \Pr\{V_{ij} - V_{ik} > e_{ik} - e_{ij}\} \tag{5.8}$$

식 (5.8)를 추정하기 위해서는 오차항의 분포에 대한 가정이 이루어져야 함. 다항로짓모형 하에서 오차항은 통상 독립적(independent)이며 일치적(identical)인 제 I형태 극치 분포(Type I extreme value distribution)를 따른다고 가정된다(McFadden, 1974). 이 경우 응답자 i가 선택대안 j를 선택할 확률은 다음과 같이 표현될 수 있다.

$$P_i(j|C_i) = \frac{\exp(\mu V_{ij})}{\displaystyle\sum_{k \in C_i} \exp(\mu V_{ik})} \tag{5.9}$$

식 (5.9)은 로그우도함수(log − likelihood function)를 극대화하는 최우법(maximum likelihood procedure)을 이용하여 추정할 수 있다.

특정 하천복원사업의 경제적 효용을 측정하기 위한 추정식은 식 (5.10)과 같이 설정될 수 있다.

$$V_{ij} = \gamma_1 Z_{1,ij} + \gamma_2 Z_{2,ij} + \gamma_3 Z_{3,ij} + \gamma_4 Z_{4,ij} \tag{5.10}$$

여기서 간접효용함수는 $Z = (Z_1, Z_2, Z_3, Z_4) =$ (하천 형태 속성, 수질 속성, 수변 공간 속성, 지불의사금액)의 선형함수로 표현된다. γ_1부터 γ_4는 응답자의 효용에 영향을 미치는 개별 속성변수들에 대한 추정계수들이다.

이때, 개별 편익속성변수들의 현재수준으로부터 한 단위 증가(개선)에 대한 한계지불의사액(marginal willingness − to − pay; MWTP)은 식 (5.10)를 전미분함으로서 다음과 같이 얻을 수 있다.

$$MWTP_{\text{하천형태}} = dZ_4/dZ_1 = -\,\gamma_1/\gamma_4$$

$$MWTP_{\text{수질}} = dZ_4/dZ_2 = -\,\gamma_2/\gamma_4 \qquad (5.11)$$

$$MWTP_{\text{수변공간}} = dZ_4/dZ_3 = -\,\gamma_3/\gamma_4$$

제5절 적용 사례

1. 조건부가치측정법 적용 사례: 신두해안사구의 가치 추정[44]

1) 평가 대상

해안사구는 육지와 해안의 경계를 이루며 상이한 두 시스템을 자연스럽게 연결해 주는 역할을 수행한다. 해안사구는 독특한 경관과 생물은 물론 모래의 저장고로서, 담수지하수의 저장고로서 역할을 하는 등 그 기능 또한 중요하다. 하지만 1990년대 후반까지는 '바닷가의 쓸모없는 모래 땅'으로 취급받아 대부분 개발에 의해 훼손되었거나 방풍림이 조성되어 독특한 초지생태계가 교란되었다.

1990년대 후반에 언론을 통해 해안사구의 중요성이 알려지기 시작하면서 해안사구 보전에 대한 국민의 의식이 싹트기 시작하였으며, 2001년에는 환경부에서 전국해안사구의 분포현황을 조사하는 등 정부기관에서도 해안사구에 대한 관심을 갖기 시작하였다. 문화재청은 2001년 11월 신두해안사구를 천연기념물 제431호로 지정함

---

44) 신영철(2009), "신두해안사구의 경제적 가치 추정"에서 발췌·인용함.

으로써 해안사구의 기능과 중요성을 더욱 부각시키는데 도움이 되었다.

(1) 신두해안사구 개요

신두해안사구는 태안반도 서북부의 충남 태안군 원북면 신두리에 위치해 있다.(<그림1> 참조) 해빈(海濱: 백사장)을 따라 길이는 약 3.4km, 폭은 약 500m에서 1.3km의 규모로 전체면적은 약 80만평에 달한다. 신두해안사구는 겨울철 강한 북서계절풍의 영향을 직접 받는 곳에 위치했으며, 인접 해역이 대체로 모래로 이루어져 있다.

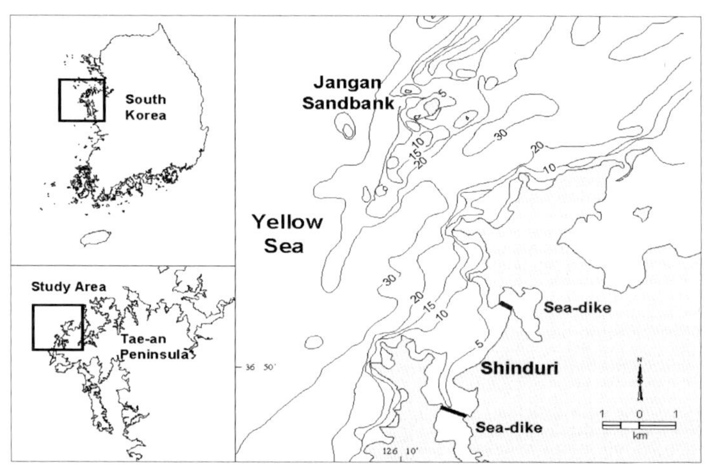

〈그림 5-2〉 신두해안사구의 위치

식물은 초본에서 목본에 이르기까지 다양한 종들이 자생하고 있으며, 쇠똥귀리와 멸종위기종인 금개구리의 서식이 확인되어 자연성과 생태적 가치가 우수한 곳으로 평가 받는 곳이다. 이러한 이유로 (사)한국내셔널트러스트는 2000년 창립한 이후부터 미래세대에게 온전하게 물려 줄 자연유산인 신두해안사구를 보전대상지역으로 지정하고 다양한 활동을 전개하고 있다.

현재 신두해안사구는 전체 80만평중 30만평이 문화재청에 의해 천연기념물 431호로 지정되었고, 주변에 있는 약 2만 5천평의 두웅습지가 환경부에 습지보호지역으로 지정되었으며, 천연기념물과 인접한 바다 0.64㎢를 해양수산부에서 해양생태계보호지역으로 지정하였다.

(2) 해안사구의 기능

해안사구는 해빈과 더불어 대륙 및 해양생태계의 중간에 위치하여 두 생태계를 이어주는 교량적 기능과 추이대(ecotone)로서의 완충적 기능을 가진 초지생태계로 생태적 가치가 매우 높은 지역이다. 이러한 해안사구의 기능은 해안 모래의 저장고 및 해안선 보호, 동·식물의 서식처, 지하수 저장, 경관자원성(독특하고 아름다운 천연의 자연경관)으로 구분된다. 이러한 해안사구의 기능은 해안사구가 제공하는 서비스로서 해안사구라는 자연자산의 경제적 가치와 연결된다.

가. 해안 모래의 저장고 및 해안선 보호

해양과 육지, 해빈과 해안사구는 끊임없이 모래를 서로 주고받는다. 육지에서 하천에 의해 운반된 퇴적물은 해저에 일시적으로 저장되지만, 파랑이나 조류에 의해 얕은 부분에 있는 것들은 다시 해변으로 운반되어 해수의 에너지에 의해 퇴적된다.

해안사구는 이러한 퇴적해안 가운데 모래해안과 밀접한 관계를 가지고 있다. 서해안과 같이 조차가 큰 곳에서는 모래해안의 전면부가 대부분 모래갯벌로 이루어져 있다. 바다가 잔잔한 평시에는 간조시에 물이 빠지면 모래갯벌과 모래해안에서 바람에 불려진 모래는 후면으로 운반되어 사구지대에 쌓임으로서 사구가 성장하게 되지만, 바다의 힘이 거세진 폭풍우 시에는 사구의 모래가 침식되어 해안이나 해빈으로 공급된다. 해안사구는 이러한 모래의 순환체계를 통해 해안선을 유지하고 배후지역을 보호한다.

나. 동·식물 서식처

일반적으로 사구지대는 강한 해풍과 높은 염분 농도, 척박한 영양분, 강한 햇빛, 부족한 수분 등의 악조건을 제공하며, 끊임없이 움직이는 모래는 다양하고 특이한 환경조건을 제공한다. 이러한 조건들은 사구환경에 적응한 생물들에게는 다른 경쟁자들과의 경쟁우위로 작용한다. 또한 여름철 성수기를 제외하면 인간의 간섭을 거의 받지 않기 때문에 생물들의 서식에 유리하다.

해당화, 순비기나무, 통보리사초, 갯방풍, 갯메꽃 등의 사구식생과 개미귀신, 왕소똥구리, 표범장지뱀, 종다리, 꼬마물떼새 등은 해안사구지대가 아니면 찾아 볼 수 없는 생명체들이다.

더욱이 우리나라 서해안의 해안사구는 지하수가 풍부하여 곳곳에 습지가 형성될 수 있는 조건을 갖추고 있기 때문에, 육지의 다른 곳에서는 사라져 가는 금개구리와 맹꽁이 등 습지에서 서식하는 등 종 풍부도가 높다. 이와 같이 독특한 환경조건을 지닌 해안사구지대는 다양한 생물들에게 서식처를 제공한다.

다. 지하수 저장

해안사구지대 지하에는 거대한 렌즈형태로 지하수가 저장되어 있다. 이는 해안사구가 투수성이 높은 모래로 이루어져 있고, 해안사구지대가 내륙과 해양의 중간에 위치해 있기 때문이다. 해안사구지대에서의 강우가 직접 지하수층대로 스며들기도 하고, 유역하천의 담수가 해양으로 이동하면서 지하수층대로 스며들기도 한다. 이렇게 지하로 스며든 담수는 해수로 인해 차단되어 저장된다.

사구를 통해 흘러 들어간 담수는 지하수위를 높여 염수(해수)의 침입으로부터 육지를 방호하고, 사구식물의 성장을 돕는다. 더불어 사구 내에 습지를 형성시켜 사구지형을 다양하게 하고, 인근주민과 생물들에게 양질의 담수를 제공한다.

그러나 최근 수자원으로써 가치가 높은 해안사구의 지하수는 해안사구지대에 들어선 전원주택과 식당, 방갈로, 민박집 등에서 무분별하게 이용함으로써, 질적·양적 손실을 겪고 있다.

라. 경관자원성(독특하고 아름다운 천연의 자연경관)

해안사구는 바람에 의해 만들어진 독특한 경관으로서 경관자원성의 가치가 매우 높다. 이러한 경관자원성의 가치는 독특한 지형과 다양한 식생천이, 희귀 동·식물의 서식에 기인한다.

모래가 이동하면서 만들어지는 바람무늬(風紋), 모래가 쌓이면서 만들어지는 바르한형 사구, 모래가 바람에 의해 깎여 형성되는 취식와지, 침식과 퇴적이 반복되어 나타나는 파랑상의 구릉지형, 구릉지 사이에 나타나는 습지 등 해안사구는 이곳이 아니면 볼 수 없는 독특한 경관이 있고, 해당화, 갯메꽃, 통보리사초, 표범장지뱀, 왕소똥구리, 개미귀신 등 해안사구를 서식지로 삼고 살아가는 수많은 생명체들이 있다.

그리고 이러한 생명체들이 생존을 위해 모래와 특이하게 상호작용하는 모습을 찾아 볼 수 있기 때문에, 생태관광(eco – tourism)지와 생태학습장으로 이용·개발 될 수 있다. 이렇듯 경관자원으로서 해안사구의 가치는 높다.

2) 설문 및 자료

(1) 설문 개요

가. 가치평가 대상 재화

본 연구에서 가치 평가하고자 하는 대상 재화는 신두해안사구이다. 신두해안사구의 경제적 가치를 조건부가치측정법(CVM)을 이용하여 총가치 측면에서 접근한다.

이 연구에서 측정하는 신두해안사구의 총가치는 크게 이용가치와 비이용가치로 나눌 수 있다. 이용가치는 대상 재화의 직·간접적 이용으로부터 발생하는 편익과 관련되는데, 직접 이용가치, 간접 이용가치, 선택가치를 포함한다. 직접 이용가치는 신두해안사구를 휴양 목적으로 이용하는 경우가 해당되고, 간접 이용가치는 신두해안사구의 심미적인 경관, 생태계 유지, 해안 유지, 지하수 저장 등과 관련된다. 선택가치는 신두해안사구의 미래 이용가능성을 확보할 목적으로 부여하는 가치이다. 한편 비이용가치는 대상 재화의 직·간접적 이용과 관련되지 않은 여러 가지 이유로 발생하는 편익으로 보전가치라고도 불린다. 보전가치는 신두해안사구를 다음 세대 및 다른 사람들이 즐기는 것에 부여하는 가치이며 자연자산 자체의 보전과 관련된 효용도 포함하고 있다.

이를 위해 가치 평가 대상 재화에 대한 지불의사금액과 관련된 질문 이전에, 신두해안사구의 총가치를 구성하는 요소들에 어떤 것들이 있는지를 상기할 수 있는 질문을 하여 응답자들이 자연스럽게 신두해안사구가 지니고 있는 네 가지 가치 유형(직접 이용가치, 간접 이용가치, 선택가치, 보전가치)을 상기할 수 있도록 하였다.

나. 지불수단

지불수단이 평가하는 대상 재화와 적절한 연계를 가지고 있을 때 조사에서 얻어지는 지불의사금액의 신뢰성이 높아지게 된다.

본 연구의 설문에서 지불수단은 신두해안사구 훼손을 방지하기 위한 일종의 기부금으로 하였다. 왜냐하면 일반적으로 강제성을 갖고 있는 세금 형태가 보다 적합하다고 보기도 하지만, 신두해안사구의 보존을 위하여 (사)한국내셔널트러스트에서 실제로 기부 활동을 전개하고 있었기 때문에 보다 적절한 연계라고 판단되었기 때문이다.

다. 지불의사 유도방법

본 연구의 설문에서 지불의사 유도방법으로는 Hanemann(1985)과 Carson(1985)에 의해 제안된 이중양분선택형(dichotomous choice with a follow‒up) 질문형식을 이용했다. 일반적으로 이 질문형식은 일단 어떤 특정한 금액을 제시하고 이 금액을 지불할 용의가 있다고 응답하는 경우 첫 번째 제시금액의 약 2배에 해당하는 금액을 제시하는 한편, 그렇지 않다고 응답하는 경우에는 첫 번째 제시금액의 약 1/2에 해당하는 금액을 제시하는 방식으로 진행된다. 이와 같은 방식은 일정한 금액을 낼 의사가 있는지를 단 한번만 제시하고 응답하게 하는 단일양분선택형(dichotomous choice or take‒it‒or‒leave‒it) 질문형식에 비해 통계적 효율성의 측면에서 상대적으로 더 나은 점이 있을 뿐 아니라 제시금액(bid)들의 설계가 잘못되는 경우에도 이를 수정할 수 있는 장점을 지니고 있는 것으로 알려져 있다.(Kanninen, 1993)

라. 제시금액 설계

제시금액 설계와 관련한 일반적 경험법칙은 단일양분선택형 질문에서는 15분위수와 85분위수 이내, 이중양분선택형 질문에서는 10분위수와 90분위수 이내로 설계하여 분포의 꼬리부분의 값들을 제거할 것을 요구한다. 일반적으로 사용되고 있는 분위수에 기초한 제시금액 설계방식은 최적설계와 비교하면 효율성이 떨어지고 있지만, 그러한 방법이 배제되어야 하는 수준은 아니고 오히려 최적설계에서 얻은 결과와 유사해지고 있다. 특히 이중 양분선택형 질문을 사용하는 경우에는 첫번째 제시금액이 잘못 제시되더라도 이를 정정할 수 있는 능력이 있기 때문에 상대적으로 넓은 범위를 포괄하더라고 단일 양분선택형 질문처럼 심각한 편의를 발생시키지 않는다.

그러므로 첫번째 제시금액을 사전 조사에서 조사된 지불의사금액의 분포를 감안하여 20, 40, 60, 80분위수 주위의 금액인 1,000원, 2,000원, 4,000원, 8,000원의 네가지 수준으로 설계하였고, 두번째 제시금액은 첫번째 제시한 금액을 지불할 의사가 있다고 하는 경우에는 첫 번째 금액의 2배에 해당하는 금액을 제시하였다. 그리고 첫 번째 제시한 금액을 지불할 의사가 없다고 하는 경우에는 두 번째 제시한 금액은 첫 번째 제시금액의 1/2로 낮추어 질문하였다.

한편 제시한 금액의 지불기간을 특정한 기간으로 한정하지 않았기에, 매년 제시금액을 지불의사가 있는지를 묻는 방식을 취하였다.

(2) 조사 개요

인터넷 전문여론조사기관의 패널로부터 전국 가구를 대표할 수 있도록 지역 및 연령대를 고려하여 표집된 대상자 400명을 조사하였다. 우리나라에서는 인터넷 환경의 급속한 발전으로 인터넷 여론 전문조사기관의 패널도 실제의 전국민 또는 전국 가구를 대표할 수 있는 수준으로까지 발전한 상태라 판단하여 인터넷 설문조사 방법을 이용하였다. 이는 인터넷 전문여론조사기관에 의한 조사로 웹 환경에 설문지가 나타나고 응답자들이 인터넷에 접속하여 설문 문항에 답변하는 방법이다. 이 방법은 응답자가 자신의 페이스에 맞추어 진행할 수 있고, 다양한 멀티미디어적 구성 요소를 이용하여 설명할 수 있으므로 응답자들의 이해도를 제고시킬 수 있다는 장점을 지니고 있다. 또한 조사자를 이용하지 않으므로 조사자 편의를 회피할 수 있고 짧은 시간에 많은 응답자들이 동시에 설문에 답변할 수 있도록 하여 조사 기간을 단축할 수 있는 방법이기도 하다.

그러나 인터넷 설문조사는 모집단의 대표성과 관련하여 적합하지 않을 가능성이 크다는 점들이 주요 약점으로 지적된다. 또한 응답자의 익명성으로 인한 중복응답의 가능성 등이 약점으로 볼 수 있다.[45] 그러나 최근 인터넷 전문여론조사기관에서는 인터넷 조사의 약점을 보완하기 위한 노력을 통하여 인터넷 조사의 약점을 상

---

45) 인터넷 설문조사의 경우 모집단의 대표성과 관련하여 표본의 선택편의(sample selection) 우려가 있다는 점 때문에 이용에 부정적 견해를 가지는 경우도 있다. 또한 조건부가치측정법 (CVM)에 대한 1993년에 작성된 NOAA 패널 지침(NOAA, 1993)을 들어 인터넷 설문조사 는 조건부가치측정법 조사에 부적절하다고 지적하기도 한다. 그러나 인터넷 환경의 비약적 발전을 감안할 경우 인터넷 설문조사의 선택편의 가능성은 모집단 특성과의 괴리 검토를 통해 어느 정도 판단할 수 있다. 또한 조건부가치측정법의 특성과 인터넷 설문에 대한 적합도 여부는 계속 연구를 통해 검증해 나가야 하는 연구대상일 뿐이다. Berrens et al.(2004) 및 Li et al.(2009) 등에서 환경자원의 가치평가 연구에서 인터넷 조사 자료를 이용하고 있다.

당 정도 해결하고 있다.

이 연구를 위한 사전조사는 2003년 12월 중에 진행되었고, 본조사는 2004년 1월 2일에서 9일까지 8일간 진행되었다. 본설문조사 표본의 인구학적 속성은 <표 5 - 3>과 같다.

표본 추출은 인터넷 조사 전문기관의 패널 약 13만 명으로부터 서울시, 6대광역시, 기타 도로 나누어 각 지역별 가구 구성비에 따른 비율로 할당 표집하였다. 연령대별 구성도 전국 인구의 구성 비율을 감안하여 표본을 추출하였다. 그러므로 본조사 자료에서 얻어진 결과를 직접적으로 전국 가구로 확대할 수 있다. 연령대별로는 20대 12.0%, 30대 32.8%, 40대 32.3%, 50대 22.0%를 차지하고 있다.

본조사의 남녀비율은 남자 84.0%로 남자의 비중이 높지만, 본 연구에서는 가구 중심의 지불의사액 추정을 목표로 하고 있으므로 성별 구성이 모집단과 차이는 별 문제가 없다.

교육수준은 고졸이 13.3%, 대졸이 53.3%, 대재가 16.3%, 중졸이하가 1.8%, 대학원 이상이 15.5%로 대졸 이상의 비중이 모집단에 비해 다소 높고 중졸이하의 비중이 낮다. 이는 인터넷 설문조사의 성격상 교육수준이 모집단에 비해 다소 높은데서 기인하는 것으로 생각한다. 그러나 지불의사금액에 교육수준이 큰 영향을 주지 않는다면 이러한 차이도 큰 문제가 되지 않는다.

한편 가구 월평균 소득은 201~300만원이 32.3%로 가장 많으며, 301~400만원이 21.8%, 200만원 이하가 21.0%, 401~500만원이 18.5%, 500만원 이상이 6.5%를 차지하고 있다.

〈표 5-3〉 본 설문조사 표본의 사회·경제적 특성

성 별	남			여	
	336 (84.0%)			64 (16.0%)	
교육 수준	중졸 이하	고 졸	대 재	대 졸	대학원 이상
	7 (1.8%)	53 (13.3%)	65 (16.3%)	213 (53.3%)	62 (15.5%)
연 령	10대	20대	30대	40대	50대	60대 이상
	조사대상 아님	48 (12.0%)	135 (32.8%)	129 (32.3%)	88 (22.0%)	조사대상 아님
가구 월평균 소득	200만원 이하	201~300만원	301~400만원	401~500만원	500만원 이상
	84 (21.0%)	129 (32.3%)	87 (21.8%)	74 (18.5%)	26 (6.5%)

3) 모형 및 추정방법

양분선택형 CV 자료에 대한 기본 모형은 확률효용모형(random utility model: RUM)이다. Bishop과 Heberlein이 양분선택형 질문 방식을 CV에 도입했지만, Hanemann(1984)이 확률효용모형의 기본 모형을 정립하였다. MaFadden(1974)이 발전시킨 확률효용모형을 이용하여 Hanemann은 양분선택 CV 질문들에 대한 응답 자료를 이용하여 추정 및 해석할 수 있도록 정립하였다.(Habb과 McConnell, 2002)

확률효용모형에 따르면 효용함수는 결정된 선호(deterministic preferences) 부분과 확률적 선호(stochastic preference) 부분으로 나누어진다. 개인들은 자신의 선호를 확실하게 알고 있기 때문에 자신의 선호를 확률적이라고 생각하지 않는 반면, 연구자에게는 파악되지 않아서 확률적(stochastic)이라고 취급될 수 있는 부분이 생겨나게 된다. 이 관찰되지 않는 부분은 개인의 특성 또는 가치평가 대상의 속성들에서 기인할 수 있다. 또한 모집단에서 개인들 선호의 변이(variation)와 측정 오차(measurement error) 양자로부터 발생할 수도 있다. 이제부터 선호의 확률적 부분을 ϵ 라고 표시하면 간접 효용함수(indirect utility function)는 다음과 같다.

$$v(y, Z, q, \epsilon)$$

여기서 y는 개인의 소득, Z는 시장재의 가격들, 시장재의 속성들, 기타 선호와 관련된 개인들의 특성 등을 포함하는 다양한 독립 변수들의 벡터, q는 비시장재화(non-market goods), ϵ는 개별 응답자 자신은 알고 있지만 연구자에게는 관찰되지 않는 선호 부분이다.(Hanemann과 Kanninen, 1999)

여기서 $q^1 < q^0$ 로서 q^1은 q^0에 비해 악화된 상태라고 가정하면 다음과 같은 관계가 성립한다.

$$v(y, Z, q^1, \epsilon) \ < \ v(y, Z, q^0, \epsilon)$$

Cameron(1987, 1988)이 제안한 방식에 따라 동등잉여(equivalent surplus) 개념을 직접 측정할 수 있다. 이 경우 동등잉여를 ES 라고 하면 다음의 식을 만족한다.

$$v(y, Z, q^1, \epsilon) \ = \ v(y - ES, Z, q^0, \epsilon)$$

그러므로 $ES = ES(y, Z, q^0, q^1, \epsilon)$ 는 q^0에서 q^1로의 변화를 방지하기 위한 최대 지불의사금액(maximum WTP)이다.

$$WTP_i^* = ES = ES(y, Z, q^0, q^1, \epsilon) = X_i^{'}\beta + \epsilon_i$$

여기서 WTP_i^*는 응답자가 마음속에서 지불할 용의를 갖는 금액, 즉 내재 지불의사금액(underlying WTP), X는 소득을 포함하여 다양한 설명변수들의 벡터, β는 설명변수의 계수 벡터를 뜻하며, 오차항 ϵ_i는 평균이 μ 이고 분산이 σ^2 인 정규분포에 따른다고 가정한다.

어떤 사람에게 두 단계에 걸쳐 제시한 금액에 대한 양분선택적 응답 결과는 두 번 모두 긍정하는 경우, 첫 번째에 긍정하고 두 번째는 서절하는 경우, 첫 번째는 거절하고 두 번째는 긍정하는 경우, 두 번 모두 거절하는 경우의 네 가지 중 하나가 된다. 즉 $(I_{1i}, I_{2i}) =$ (1,1), (1,0), (0,1), (0,0)가 되는 것이다.

응답자가 첫 번째 제시금액(t_{1i})에 대해 '예'라고 대답한 후 그 2배인 두 번째 제시금액(t_{2i})에 대해서도 '예'라고 대답하는 하는 경우(즉 $I_{1i} = 1$ 이고 $I_{2i} = 1$인 경우), 그 응답자의 내재지불의사금액(WTP_i^*)이 관찰될 확률은 다음과 같다.

$$\begin{aligned}
\Pr(I_{1i} = 1, I_{2i} = 1) &= P_r(WTP_i^* \geqq t_{2i}) \\
&= \Pr(x_i^{'}\beta + \epsilon_i \geqq t_{2i}) \\
&= \Pr(\epsilon_i \geqq t_{2i} - x_i^{'}\beta) \\
&= \Pr\left(z_i \geqq \frac{t_{2i} - x_i^{'}\beta}{\sigma}\right)
\end{aligned}$$

여기에서 $z_i(=\frac{\epsilon_i}{\sigma})$는 표준정규분포에 따르는 변수이다. 그런데

$$\alpha_{1i} = \frac{t_{1i} - x_i'\beta}{\sigma}, \quad \alpha_{2i} = \frac{t_{2i} - x_i'\beta}{\sigma}$$ 라 하면, 다음과 같이 다시 쓸 수 있다.

$$\Pr(I_{1i} = 1, I_{2i} = 1) = 1 - \Phi\left(\frac{t_{2i} - x_i'\beta}{\sigma}\right) = 1 - \Phi(\alpha_{2i})$$

여기에서 $\Phi(z_i)$는 누적표준정규분포함수를 뜻한다.

이와 비슷하게 (I_1, I_2) = (1,0), (0,1), (0,0)인 경우의 확률에 대해서도 각각 다음과 같이 표현할 수 있다. 이때 로그우도함수(log likelihood function)는 다음과 같이 쓸 수 있다.

$$\begin{aligned}
\ln L = \sum_i \{ &(I_{1i}I_{2i})\log[1 - \Phi(\alpha_{2i})] \\
& + I_{1i}(1 - I_{2i})\log[\Phi(\alpha_{2i}) - \Phi(\alpha_{1i})] \\
& + (1 - I_{1i})I_{2i}\log[\Phi(\alpha_{1i}) - \Phi(\alpha_{2i})] \\
& + (1 - I_{1i})(1 - I_{2i})\log[\Phi(\alpha_{2i})] \}
\end{aligned}$$

우리는 일반적인 최우추정기법(maximum likelihood method)에 의해 계수벡터 β와 가정된 분포모수 σ에 대해 이 함수값을 극대화함으로써 관심의 대상이 되는 여러 계수의 값을 구할 수 있다. 이는 결과적으로 생존분석(survival analysis) 혹은 지속기간 모형(duration model)에서 개별 지불의사금액의 생존 내지 지속 여부를 자료화하여 분석하는 방식과 동일하다.

4) 신두해안사구의 가치 추정

(1) 신두해안사구 보전에 대한 지불의사금액모형 추정

CVM 연구에서는 종종 내적 일관성(internal consistency) 또는 이론적 타당성(theoretical validity)을 검증하기 위해 공변량(covariates)이 포함된 방정식을 추정한다. 이 경우 효용함수에 여러 변수들을 반영하여 설문이 얼마나 적절하게 진행되었는지를 판단할 수 있다. 본 연구에서는 설문의 내적 일관성 판단기준으로서 몇몇 변수들을 포함하여 다음 식과 같이 지불의사금액(WTP) 모형을 추정하였다.

$$\ln WTP = \beta_0 + \beta_1 MALE + \beta_2 MAR + \beta_3 AGE + \beta_4 FSIZE$$
$$+ \beta_5 SEOUL + \beta_6 OCITY + \beta_7 EDY + \beta_8 \Pi NC + \epsilon$$

다음의 <표 5-4>은 식에서 사용된 변수들에 대한 정의와 평균 및 표준편차를 정리한 것이다.

〈표 5-4〉 변수의 정의 및 요약

변 수	정 의	평 균	표준편차
MALE	남성 여부 (0 = 여성, 1 = 남성)	0.8	0.4
MAR	결혼 여부 (0 = 미혼, 1 = 기혼)	0.75	0.4
AGE	응답자의 연령 (단위: 세)	39.4	9.1
FSIZE	가구원 수 (단위: 명)	3.6	2.6
SEOUL	거주지 서울 여부 (0 = 서울 아님, 1 = 서울임)	0.2	0.4
OCITY	거주지 광역시 여부 (0 = 광역시 아님, 1 = 광역시임)	0.3	0.4
EDY	교육 년수 (단위: 년)	15.3	2.3
PINC	월평균 1인당 가구 소득 (단위:만원)	99.9	63.9

그리고 지불의사금액(WTP) 방정식을 추정한 결과는 <표 5-5>과 같다. 8개의 변수의 추정계수 중 부호를 예상한 4개의 변수는 예상한 부호와 일치하여 설문의 추정이 제대로 시행되었음을 시사하고 있다. 또한 월평균 1인당 가구 소득(PINC), 가구원 수(FSIZE) 변수는 유의수준 10%에서 통계적으로 유의함을 알 수 있다.

〈표 5-5〉 지불의사금액(WTP) 방정식 추정결과

변　수	추정계수	표준오차	t-통계량1)	한계효과	추정계수의 예상부호
상수항	6.983	0.745	9.37***	21,309.7	·
MALE	-0.103	0.236	-0.44	-315.2	·
MAR	-0.157	0.251	-0.63	-480.4	·
AGE	0.011	0.012	0.91	33.3	·
FSIZE	0.161	0.090	1.79*	492.5	+
SEOUL	-0.228	0.214	-1.07	-696.8	·
OCITY	-0.163	0.200	-0.82	-498.8	·
EDY	0.0002	0.037	0.00	0.5	·
PINC	0.003	0.002	2.09**	9.8	+
SCALE	1.495	0.092	16.28***		
log-likelihood				-540.0	

주1) ***, **, * 은 추정계수가 각각 1%, 5%, 10% 유의수준에서 유의함을 나타낸다.

　각 변수들의 추정계수의 부호를 살펴보면, 월평균 1인당 가구 소득이 높을수록, 가구원의 수가 많을수록 신두해안사구를 보전하기 위한 지불의사금액(WTP)가 크게 나타났다.

　특히 신두해안사구를 보전하기 위한 지불의사금액은 월평균 1인당 가구 소득이 1만원 증가할 때마다 9.8원의 지불의사가 증가하고, 가구원 수가 1명 증가할 때 492.5원 증가함을 알 수 있다.

(2) 신두해안사구의 경제적 가치

본 소절에서는 신두해안사구를 보전하기 위한 지불의사금액을 전
국단위로 확장하여 신두해안사구의 연간 총가치를 구하였다. 본 연
구에서는 전국 가구수는 전수 조사인 「2000년 인구주택 센서스 조
사」에 의한 가구수를 사용하였다. 이상과 같은 방법으로 구한 신두
해안사구 보전을 위한 가구당 지불의사금액은 3,059원(95% 신뢰구
간은 2,591원~3,612원)이고, 전국적으로는 440억 2,700만원(95% 신
뢰구간은 372억 8,900만원~519억 8,200만원)에 이르렀다.

〈표 5-6〉 신두해안사구 서비스의 연간 경제적 가치

가구당 지불의사금액 (WTP)(A, 원)	세대수(B)	연간 경제적 총가치 (A×B, 원)
3,059원 (2,591원~3,612원)	14,391,374	440억 2,700만원 (372억8,900만원 ~519억8,200만원)

신두해안사구 훼손 방지를 위한 국민들이 부여하는 가치는 정부
의 정책우선순위 결정에도 참고자료로 이용될 수 있을 것이다. 신
두해안사구 훼손 방지 정책에 대해 국민들이 부여하는 후생 수준
의 변화를 가늠할 수 있게 해주므로 다른 정책들과의 비교에서 정
책 우선순위 결정에 이용될 수 있다고 생각된다.

신두해안사구의 직접 이용가치, 간접 이용가치, 선택가치, 보전가
치를 추정해 보기 위해 지불의사를 가진 응답자에게 자신의 지불
의사금액을 각각의 가치에 분할하여 배분하는 질문을 하였다. 그
질문의 답변 자료를 활용하여 신두리해안사구의 연간 총가치를 직
접 이용가치, 간접 이용가치, 선택가치, 보전가치로 분할하였다.

그 결과 신두해안사구 서비스에 대한 연간 총가치 중에서 직접 이용가치는 13.4.0%, 간접 이용가치는 30.2%, 선택가치는 19.4%, 보전가치는 37.0%를 차지하고 있다. 그러므로 신두해안사구의 총가치 중에서 보전가치가 차지하는 비중이 가장 높으며, 간접 이용가치, 선택가치, 직접 이용가치 순으로 높은 비중을 차지하고 있다. 결국 국민들은 신두해안사구의 경우 보전가치가 높다고 생각하고 있으면 상대적으로 직접적 이용과 관련된 이용가치는 상대적으로 낮다고 보고 있음을 알 수 있다.

〈표 5-7〉 신두해안사구의 가치 유형별 비율(%)

직접 이용가치	간접 이용가치	선택가치	보전가치	총가치
13.4	30.2	19.4	37.0	100.0

신두해안사구의 연간 총가치를 가치 유형별로 분할해 보면, 신두해안사구의 연간 직접 이용가치는 59억원(95% 신뢰구간은 49억 9,700만원~69억 6,600만원), 간접 이용가치는 132억 9,600만원(95% 신뢰구간은 112억 6,100만원~156억 9,900만원), 선택가치는 85억 4,100만원(95% 신뢰구간은 72억 3,400만원~100억 8,500만원), 보전가치는 162억 9,000만원(95% 신뢰구간은 137억 9,700만원~192억 3,300만원)이다. 여기서 신두해안사구의 가치 유형별 95% 신뢰구간은 응답자가 생각하는 총가치의 가치 유형별 배분 비율을 적용하여 계산하였다.

<표 5-8> 신두해안사구 서비스의 연간 경제적 가치

가치 유형	직접 이용가치	간접 이용가치	선택가치	보전가치	총가치
경제적 가치	59억원 (49억 9,700만원 ~ 69억 6,600만원)	132억 9,600만원 (112억 6,100만원 ~ 156억 9,900만원)	85억 4,100만원 (72억 3,400만원 ~ 100억 8,500만원)	162억 9,000만원 (137억 9,700만원 ~ 192억 3,300만원)	440억 2,700만원 (372억 8,900만원 ~ 519억 8,200만원)

(3) 신두해안사구의 자산 가치

신두해안사구의 자산 가치를 가치 유형별로 계산하기 위해서는 할인율을 적용해야 한다. 미래에 발생할 편익들을 현재 가치화해서 합산하여야 하는데 이용할 할인율을 정의하여야 한다. 일반적으로 활용되고 있는 할인율은 3~10%의 값을 사용한다.[46] 자연자산의 가치를 계산하기 위해 적용하는 할인율과 관련해서는 자연자산의 가치가 미래에 점차 증가할 것을 감안한다면 자연자산의 자산 가치를 계산할 때에는 0%의 할인율을 적용할 것을 주장하는 학자도 있으나, 다른 영역의 자산과 비교하기 위해 동일한 할인율을 적용하여야 한다는 주장이 보다 일반적으로 받아들여지고 있다.

신두해안사구의 자산 가치를 계산하기 위해 어느 정도의 할인율을 적용하는가에 따라 자연 자산의 가치가 크게 변화하므로, 일반적으로 그 민감도를 보여주기 위해 가능하다고 생각되는 할인율에 대해 자연자산의 가치가 어떻게 변화는지를 보여주는 방식을 취하는 것이 일반적이다. 이를 민감도 분석이라고 한다.

---

46) 신두리해안사구에 대한 지불의사가 특정 기간으로 한정하지 않았기에 신두리해안사구의 자산 가치를 산정하기 위하여 신두리해안사구의 연간 총가치 역시 특정 기간에만 한정된다고 보지 않고 지속된다고 상정하였다. 그러므로 신두리해안사구의 자산 가치는 신두리해안사구의 연간 총가치를 할인율로 나누어 얻어진 값이다.

<표 5-9> 신두해안사구의 자산 가치

(단위: 억원)

할인율	직접 이용가치	간접 이용가치	선택가치	보전가치	총가치
3 %	1,967 (1,666 ~2,322)	4,432 (3,754 ~5,233)	2,847 (2,411 ~3,362)	5,430 (4,599 ~6,411)	14,676 (12,429 ~17,327)
5%	1,180 (999 ~1,393)	2,659 (2,252 ~3,140)	1,708 (1,447 ~2,017)	3,258 (2,759 ~3,847)	8,805 (7,458 ~10,396)
7.5%	787 (666 ~929)	1,773 (1,501 ~2,093)	1,139 (965 ~1,345)	2,172 (1,840 ~2,564)	5,870 (4,972 ~6,931)
10%	590 (500 ~697)	1,330 (1,126 ~1,570)	854 (723 ~1,008)	1,629 (1,380 ~1,923)	4,403 (3,729 ~5,198)

신두해안사구의 자산 가치는 7.5%의 할인율을 적용하면 5,870억원(95% 신뢰구간은 4,972억원~6,931억원)이다. 이를 가치 유형별로 분할해서 보면 직접 이용가치에 기인한 자연자산의 가치 부분이 787억원(95% 신뢰구간은 666억원~929억원)이고, 간접 이용가치에 기인한 자연자산의 가치 부분이 1,773억원(95% 신뢰구간은 1,501억원~2,093억원)이다. 한편 선택가치에 기인한 자연자산의 가치 부분은 1,139억원(95% 신뢰구간은 965억원~1,345억원)을 차지하고, 보전가치에 기인한 자연자산의 가치 부분은 2,172억원(95% 신뢰구간은 1,840억원~2,654억원)이다.

한편 할인율을 3%, 5%, 10%에 대해서도 신두해안사구의 자산 가치를 계산해 보면, 현재 시점에서 신두해안사구의 총자산가치는 최소 3,729억원(할인율 10%를 적용한 95% 신뢰구간 하위값)에서 최대 1조 7,327억원(할인율 3%를 적용한 95% 신뢰구간 상위값)에 이른다고 볼 수 있다.

이 연구에서 계산된 신두해안사구라는 자연자산의 가치는 현재 국민들이 가지고 있는 선호에 기초해서 추정된 금액이다. 일반적으로 소득이 증가함에 따라 자연자산에 대한 선호가 증가한다는 사실을 감안한다면 향후에는 앞서 제시된 신두해안사구라는 자연자산의 가치보다는 증가할 것이다.

2. 선택실험법 적용 사례: 우리나라 주요 습지의 가치[47]

1) 평가 대상

습지보전법에서의 정의에 따르면, 습지[48]는 담수·기수 또는 염수가 영구적 또는 일시적으로 그 표면을 덮고 있는 지역으로 내륙습지와 연안(해안)습지를 말한다. 일반적인 용어로는 습지는 바닷물이나 민물, 또는 바닷물과 민물이 섞인 물에 항상 잠겨 있거나 때때로 잠기는 지역이라고 정의할 수 있다. 내륙습지는 육지 또는 섬 안에 있는 호 또는 호와 하구 등의 지역을 말하고, 연안(해안)습지는 만조시에 수위선과 지면이 접하는 경계선으로부터 간조시에 수위선과 지면이 접하는 경계선까지의 지역을 말한다.

습지는 일반적으로 야생동식물의 서식처와 번식처를 제공하고 멸종위기종(희귀종, 고유종을 포함)을 보전하는 생물다양성 보전 기능,

---

47) 신영철 외(2009), "선택실험법에 의한 우리나라 주요 습지의 가치 추정"에서 발췌·인용함.

48) 세계적으로 통용되는 람사르협약에서는 자연 또는 인공이든, 영구적 또는 일시적이든, 정수 또는 유수이든, 담수·기수 혹은 염수이든, 간조시 수심 6 m를 넘지 않는 곳을 포함하는 늪, 습원, 이탄지, 물이 있는 지역을 말한다. 람사르협약은 생태적 가치가 큰 습지를 국제적으로 보호하자는 취지에서 만들어진 국제적 협약으로, 공식명칭은 '물새 서식지로서 국제적으로 중요한 습지의 보전에 관한 협약'이다.

오염물질 정화 기능, 휴양과 관광기능, 홍수조절 기능, 토양안정 기능, 수문 안정 기능 등의 기능을 가지고 있다. 특히 다른 방식으로는 대체가 불가능한 생물다양성 보전 기능이 여타 기능에 비해 습지의 가장 중요한 기능으로 볼 수 있다.

그러므로 본 연구에서는 내륙습지에 해당하는 6개의 우리나라 주요 습지의 가치를 생물다양성 보전 기능 측면에 초점을 맞추어 추정하고자 한다. 본 연구의 대상 습지는 3개의 시범유역의 5개 주요 습지와 1개의 특별지정습지를 포함한다. 여기에는 한강-임진강 유역의 장항습지와 서천군유역의 금강습지, 낙동강 유역의 우포습지, 낙동강하구 습지, 산들늪이 있고 특별지정습지에는 화진포 습지가 있다. 지정습지의 유형은 계절성 담수 염습지, 영구적 하천습지, 영구적 담수호, 조간대 sand flat 델타, 개방이탄형 산지 습지, 연안 담수석호 등이며, 주요 내용은 다음 <표 5-10>과 같다.

<표 5-10> 본 연구의 대상 습지

시범유역	지정습지	습지유형
한강-임진강 유역	장항습지	계절성 담수 염습지
금강호 유역	서천군유역 금강습지	영구적 하천습지
낙동강 유역	우포습지	영구적 담수호
	낙동강하구습지	조간대 sand flat, 델타
	산들늪	개방이탄형 산지 습지
-	화진포	연안 담수석호

습지의 다양한 기능에 따라 그 가치를 평가하는 방법은 차이가 있을 수 있다. 그런데 습지의 생물다양성 보전 기능의 가치는 이용가치(use value)라기보다는 비이용가치(non-use value)가 대부분을 차지한

다고 볼 수 있다. 그러므로 비이용가치뿐만 아니라 이용가치를 포함한 총가치의 추정에 일반적으로 이용되는 진술선호법(stated preference method)으로 습지의 생물다양성 가치에 접근할 필요가 있다.

2) 설문 및 조사 설계

(1) 설문 설계

선택실험법(CE)에 이용하는 설문지의 전반적 구성은 크게 세부분으로 나눌 수 있다. 첫 번째 부분은 설문의 도입부로서 가치평가 대상 재화에 대한 인식이나 태도 등에 대해 질문한다. 여기서는 환경 및 습지에 대한 기본 인식과 더불어 습지 방문 경험 등에 대해 질문한다. 그러한 질문들이 다소 답하기 쉽기도 하고 대상 재화에 대한 기본적인 정보를 파악할 수 있도록 해준다. 두 번째 부분은 습지의 다양한 속성·수준별 가치를 추정하기 위한 선택 대안들에 대한 부분으로, 대상 재화의 속성·수준별 가치평가와 관련된 질문이 나오는 부분이다. 그리고 마지막 부분은 응답자의 사회경제적 특성에 대한 질문으로 지불의사금액모형을 분석할 때 이용되는 변수들의 정보를 조사한다.

가. 속성 및 수준의 선택

현재 내륙 습지와 관련된 주요 속성 및 수준을 확정하기 위하여, 기존 연구들에 대한 검토와 전문가들의 의견을 함께 고려하여 내륙 습지의 속성을 5가지로 정하였다. 여기에는 대상 재화와 관련하여 사람들이 선호를 갖고 있을 것이라 생각되는 요소들이나 정책에 의해 영향을 받게 되는 속성 및 수준들을 고려하게 된다.

이 연구에서는 습지의 속성 및 그와 관련된 수준을 결정하기 위하여, 포괄적 문헌조사와 전문가의 의견을 반영하여 습지의 중요 속성들과 그 수준을 검토하였다. 이렇게 선정한 습지의 속성 및 수준에 대해서는 사전조사를 통하여 의도한 대로 속성 및 수준들의 가치가 추정되는지를 검토하여, 최종적으로 습지의 속성과 수준을 결정하였다.

습지의 중요 속성에는 습지의 면적(ha), 주요 철새 도래지 여부, 멸종위기종 수, 일반 생물종 수준(보통, 풍부, 매우 풍부), 습지보호지역 여부 등 이외에도 다양한 것들이 생각될 수 있었지만, 일반인들이 어렵지 않게 인식할 수 있는 중요한 속성들 다섯 가지를 선택하였다. 속성들의 수준과 관련해서는 주요 철새 도래지 여부 및 습지보호지역 여부는 2단계로, 습지 면적, 멸종위기종 수, 일반 생물종 수준은 3단계로 설정하였다.

먼저, 습지의 면적은 습지를 정의하는 기본적인 속성이다. 일반인들에게 습지의 면적을 가늠할 수 있도록 하기 위하여 여의도 면적과 비교할 때 어느 수준인지를 같이 표시하였다.

둘째, 습지와 관련된 국제 협약인 람사르 협약의 정식 명칭이 '물새 서식지로서 특히 국제적으로 중요한 습지에 관한 협약(the convention on wetlands of international importance especially as waterfowl habitat)'이듯이, 습지는 물새 서식지로서 중요한 역할을 하고 있다. 그러므로 국제적으로 중요한 철새 도래지로서의 역할은 습지의 중요한 속성 중의 하나이기 때문에[49], 주요 철새 도래지 여

---

49) 환경부(2005)의 『국가환경종합계획(2006~2015)』에 따르면, 낙동강 하구, 주남저수지, 천수만, 한강 하구 등의 주요 철새 도래지가 전국적으로 70여개소 이상 분포하고 있다.

부를 속성으로 포함하였다.

셋째, 습지의 일반적 기능에는 생물다양성 보전 기능이 있는데, 여기에 포함되는 '종보전' 기능은 멸종위기종, 희귀종, 국내 고유종에 대한 보호 및 보전과 관련된다. 습지는 많은 생물이 생식과 발달의 초기단계에서 반드시 필요로 하는 환경으로 이용되며, 위협종의 60%와 위기종의 40%에게 필수적인 서식처로 이용된다. 그러므로 멸종위기종의 수를 속성으로 포함하였다.[50]

넷째, 일반 생물종 수준은 정성적으로 5개 등급(매우 빈약, 빈약, 보통, 풍부, 매우 풍부)으로 나눌 수 있고, 다른 선진국에서도 이 방법을 사용하고 있다. 정성적인 기준은 대상 생태계에서 서식하는 생물종의 분류군과 하위그룹 수(종다양성)와 각 생물종의 수(종풍부도)를 기준으로 한다.

다섯째, 습지보호지역은 습지보호법에 의거 ① 자연상태가 원시성을 유지하고 있거나 생물다양성이 풍부한 지역, ② 희귀하거나 멸종위기에 처한 야생동·식물이 서식·도래하는 지역, ③ 특이한 경관적·지형적 또는 지질학적 가치를 지닌 지역을 환경부장관 또는 해양수산부장관이 지정한다. 현재 환경부장관은 낙동강하구 등 12개 지역(107.109㎢)을, 해양수산부장관은 무안갯벌 등 8개소(144.228㎢)를 습지보호지역으로 지정으로 총 20개 279.637 km2이 지정되어 있다. 이 면적은 전체 습지면적의 약 10%에 해당한다.

---

50) 멸종위기야생동·식물의 경우 Ⅰ급과 Ⅱ급으로 나누어진다. 멸종위기야생동·식물 Ⅰ급은 '자연적이거나 인위적인 위협요임으로 개체수가 현저하게 감소돼 멸종위기에 처한 야생동·식물'이며, 멸종위기야생동·식물 Ⅱ급은 '자연적·인위적 위협요인으로 개체수가 현저하게 감소되고 있어 현재의 위협요인이 제거되거나 완화되지 아니할 경우 가까운 장래에 멸종위기에 처할 우려가 있는 야생동·식물'이다.

결과적으로 내륙 습지의 속성 및 수준은 습지의 면적, 주요 철새 도래지 여부, 멸종위기종 수, 일반 생물종 수준, 습지보호지역 여부의 5가지 속성을 사용하였다. 다음 <표 5 - 11>은 본 연구에서 이용한 습지와 관련된 5가지 속성 및 수준을 보여주고 있다.

〈표 5-11〉 내륙 습지의 속성 및 수준

습지의 속성	속성설명	속성수준		
면적	습지의 면적	80ha (약 24만평) 여의도 면적의 약 1/10	400ha (약 120만평) 여의도 면적의 절반	800ha (약 240만평) 여의도 면적
주요 철새 도래지	주요 철새 도래지 여부	× (주요 철새 도래지 아님)		○ (주요 철새 도래지)
멸종위기종 수	멸종위기종 1등급 및 2등급에 속하는 종 수	없음	1~5 종	6~10 종
일반 생물종 수준	해당 습지지역의 일반 생물종 수준	보통	풍부	매우 풍부
습지보호지역	습지보호지역 지정 여부	× (습지보호지역 아님)		○ (국내 또는 국제 습지보호지역)

한편 해당 습지 보전 위한 부담금: 해당 습지 보전을 위한 부담금은 습지의 속성에 속하지 않지만, 선택실험법(CE)을 이용하여 해당 습지의 속성 및 수준별 가치를 추정하고자 하는 경우 응답자들이 선택해야 하는 선택대안들(choice profiles)을 만들 때 하나의 속성으로 제시된다. 앞서 언급한 5가지의 속성의 특정 수준을 가진 해당 습지의 보전을 위해 보전 부담금 일정액을 내는 것이 하나의 선택대안으로 응답자에게 제시된다. 기존의 연구 및 사전 조사 결과의 해당 습지에 대한 지불의사금액 분포를 고려하여, 단 한번 지불하는 부담금으로 2,000원, 5,000원, 10,000원, 20,000원의 네 가지 수준을 이용하였다.

부담금[51]이란 지불수단은 '공익사업경비를 그 사업에 이해관계를 가진 사람에게 부담시키기 위하여 과하는 공법상의 금전급여의무'를 의미한다.

나. 선택대안 및 선택대안 집합 선정

특정한 속성의 수준을 갖는 습지와 그 습지를 보전하기 위한 부담금으로 이루어진 선택대안(choice profiles or choice alternatives) 및 선택대안 집합(choice sets)의 구성을 위해, SPSS의 주효과 직교설계(main effect orthogonal design)를 실시하였다. 본 조사에서는 설문 당시 응답자들에게는 주효과 직교설계를 통해 작성된 6가지의 속성으로 이루어진 선택대안 2개와 '둘 다 선호하지 않음'이라는 1가지의 선택대안을 포함하여 총 3개의 선택대안이 제시되었다. 전체 가능한 선택대안집합을 모두 고려하는 것은 현실적으로 불가능하기 때문에, 주효과 직교설계를 실시하여 총 32개의 선택대안을 이용하여 16개의 선택대안 집합을 도출하였다. 이들 선택대안집합들은 한 응답자가 답변하기에는 많은 분량이므로, 4개의 블록으로 배분하여 4가지 유형의 선택대안집합이 만들어졌다.

(2) 조사 설계

본 연구는 6개의 주요 대상 습지의 가치 평가를 위하여 전국조

---

51) 부담금은 사업의 종류에 따라 도로부담금·하천부담금·도시계획부담금·사방부담금 등이 있다. 부담금은 넓은 뜻으로는 임의부담금도 포함하나 좁은 뜻으로는 강제부담금만을 말한다. 조세와 부담금이 강제부담이라는 공법상의 금전급여의무인 점에서는 같으나, ① 조세는 국가나 공공단체의 일반수입을 목적으로 하는 데 비하여 부담금은 특정사업의 경비에 충당함을 목적으로 하는 점, ② 조세는 일반국민에게 균등하게 부과되는 데 비하여 부담금은 당해사업에 특별한 이해관계를 가진 사람에게만 부과되는 점, ③ 조세는 개인의 담세능력을 표준으로 하여 과하는 데 비하여, 부담금은 사업소요경비·부담자의 재력·사업과의 관계의 정도 등을 종합적 표준으로 하여 부과하는 점에 차이가 있다.(네이버 백과사전, http://100.naver.com/)

사를 수행한다. 2006년 주민등록인구를 기초하여 전국을 대표할 수 있는 표본을 지역으로 분할하여 조사하였다. 표본수는 1,440명을 대상으로 하였고, 지역별, 연령대별, 성별 구성비를 고려하였다. 조사 대상 연령대는 조사 설문의 난이도 등을 감안하여 20세 이상 65세 이하로 하였다.

설문 조사 방식은 본조사에서 설문조사 전문기관에 의뢰하여 대면조사 방법을 이용하였다. 선택실험법(CE) 설문의 난이도가 다소 높을 뿐만 아니라 습지에 대한 설명이 필요한 점을 고려하여 선택실험법 조사에 경험을 보유하고 있는 조사원에 의한 대면조사를 수행하였다.

3) 선택실험 모형[52]

실험선택법(CE) 기법은 두 가지에 기초하고 있다. 첫 번째는 Lancaster의 속성별 가치 이론(Lancaster, 1966)으로서 모든 재화는 속성들과 그 속성들의 수준의 묶음으로 묘사될 수 있다는 것이다. 예를 들어, 자동차의 경우는 엔진의 배기량, 색상, 안전도 등급, 성능 및 기타의 특성들로 설명될 수 있다.

두 번째는 확률효용모형(random utility model, RUM)으로서 선택과 관련하여 관측 가능한 정형화된 효용 부분과 관측이 불가한 오차 부분으로 나누어져 있다는 것이다.

실험선택법(CE)은 습지의 속성별 지불의사액을 추정하기 위해 확률효용모형(random utility model, RUM)을 이용하여 정형화할 수 있

---

52) 선택실험 모형에 대한 설명은 Champ et al.(2003), Hensher et al.(2005), 박현 외(2005) 및 신영철(2007a, 2007b)을 참고하여 작성하였다.

다. McFadden(1974)에 의해 개발된 다항로짓모형(multinomial logit model)은 습지의 다양한 속성 변수들이 어떻게 응답자의 선택확률에 영향을 주는지를 모형화하는데 있어 통계적인 체계를 제공한다.

이 모형에서 가장 기본이 되는 것은 간접효용함수이다. 응답자 i가 선택대안 집합 C_i 내의 한 선택대안 j로부터 얻는 간접효용함수는 다음과 같이 표현될 수 있다.

$$U_{ij} = V_{ij}\,(Z_{ij}, S_i) + e_{ij}$$

여기서 V_{ij}는 관측이 가능한 정형화된(deterministic) 부분이고, e_{ij}는 관측이 불가능한 확률적(stochastic) 부분이다. V_{ij}는 현재의 선택대안과 가상의 선택대안들의 속성들(Z_{ij})과 개별 응답자들의 특성치들(S_i)의 함수이다.

응답자 i가 선택대안 집합 C_i내의 j번째 대안이 아닌 모든 대안들에 대해 $U_{ij} > U_{ik}$을 만족한다면, 선택대안 j를 선택할 것이다. 이때, 응답자 i가 선택대안 j를 선택할 확률은 다음과 같이 주어진다.

$$P_i(j|C_i) = \Pr\{V_{ij} + e_{ij} > V_{ik} + e_{ik}\} = \Pr\{V_{ij} - V_{ik} > e_{ik} - e_{ij}\}$$

이 식을 추정하기 위해서는 오차항의 분포에 대한 가정이 이루어져야 한다. 조건부로짓모형(conditional logit model) 또는 다항로짓모형(multinomial logit model) 하에서 오차항은 통상 독립적(independent)이며 일치적(identical)인 제 I형태 극치 분포(Type I extreme value distribution)를 따른다고 가정된다(McFadden, 1974). 이 경우 응답자 i가 선택대안 j를 선택할 확률은 다음과 같이 표현될 수 있다.

$$P_i(j|C_i) = \frac{\exp(\mu V_{ij})}{\sum_{k \in C_i} \exp(\mu V_{ik})}$$

역기서 μ는 척도 모수인데, 일반적으로 $\mu = 1$라고 가정한다. 응답자 i가 선택대안j를 선택하는지 여부와 관련하여 y_{ij}를 다음과 같이 정의한다.

$$y_{ij} = \begin{cases} 1 : 응답자\,i가\,선택대안\,j\,선택하는\,경우 \\ 0 : 그\,이외의\,경우 \end{cases}$$

이 때 다항로짓모형의 로그 우도함수는 다음과 같다.

$$\ln L = \sum_i \sum_{j \in C} y_{ij} \left(V_{ij} - \ln \sum_{k \in C} V_{ik} \right)$$

이 식은 로그우도함수(log − likelihood function)를 극대화하는 최우법(maximum likelihood procedure)을 이용하여 속성의 계수값들을 추정할 수 있다. 즉, 특정한 속성을 갖는 습지의 경제적 효용을 측정하기 위한 추정식은 다음 식과 같이 설정될 수 있다.

$$V_{ij} = \gamma_1 Z_{1,ij} + \gamma_2 Z_{2,ij} + \gamma_3 Z_{3,ij} + \gamma_4 Z_{4,ij} + \gamma_5 Z_{5,ij} + \gamma_6 Z_{6,ij}$$

여기서 간접효용함수는 $Z = (Z_1, Z_2, Z_3, Z_4, Z_5, Z_6)$ =(습지의 면적, 주요 철새 도래지 여부, 멸종위기종 수, 일반 생물종 수준, 습지부호지역 여부, 해당 습지 보전을 위한 부담금)의 선형함수로 표현된다. γ_1부터 γ_6는 응답자의 효용에 영향을 미치는 개별 속성변수들에 대한 추정계수들이다.

이 때 주요 철새 도래지 여부 및 습지보호지역 여부와 같이 두가지 수준이 있는 경우 해당 수준을 갖는 경우 1을 배정하고 다른 수준이 아닌 경우(분석의 기준 수준)에 대해서는 -1을 배정하는 효과 코딩(effect coding) 방식을 이용하였다. 마찬가지로 일반 생물종 수준의 경우는 보통보다 낮은 수준(빈약 이하)을 기준 수준으로 설정하기 때문에, 효과 코딩 방식에 따라 기준 수준은 -3, 보통 수준은 1, 풍부 수준은 1, 매우 풍부 수준은 3을 배정하였다. 효과 코딩 방식은 실험선택법에서 상수항과 상관되지 않게 해주기 때문에, 현재 상태 또는 기준 상태의 가치를 추정할 수 있도록 해 줄 수 있다.(Champ et al.(2003), Hensher et al.(2005))

한편 습지의 면적 속성과 해당 습지 보전을 위한 부담금은 제시된 금액을 연속값으로 취급하였다. 멸종위기종 수의 경우도 제시한 구간의 평균값이자 중간값을 이용하여 연속값으로 상정하여 분석을 진행하였다.

이때, 개별 편익 속성변수들의 현재수준으로부터 한 단위 증가(개선)에 대한 한계지불의사액(marginal willingness-to-pay; MWTP)은 앞서의 추정식을 전미분함으로서 다음과 같이 얻을 수 있다. 단, 주요 철새 도래지 더미와 습지 보호지역 더미, 일반 생물종 수준의 경우 효과 코딩방식을 이용하였기에 특정 수준을 갖는 경우의 값

과 기준에 해당하는 값의 차이를 한계지불의사액으로 해석하여야
한다.

$$MWTP_{습지의면적(ha)} = dZ_6/dZ_1 = -\gamma_1/\gamma_6$$

$$MWTP_{주요\ 철새도래지\ 더미} = dZ_6/dZ_2 = -\gamma_2/\gamma_6$$

$$MWTP_{멸종위기종\ 수} = dZ_6/dZ_3 = -\gamma_3/\gamma_6$$

$$MWTP_{일반\ 생물종\ 수준} = dZ_6/dZ_4 = -\gamma_4/\gamma_6$$

$$MWTP_{습지보호지역\ 더미} = dZ_6/dZ_5 = -\gamma_5/\gamma_6$$

4) 실증 분석

(1) 습지의 속성별 가치 추정

본 조사에서는 전국을 제주도를 제외한 15대 권역으로 분할하여
성별, 연령별 구성 비율을 고려하여 1,440명의 설문조사를 하였다.
각 표본마다 특정 속성을 갖는 습지와 해당 습지 보전 부담금에 대
한 선택대안집합 4개의 선택형 질문을 한 응답자에게 한 결과, 총
5,760개의 선택 자료를 얻어 분석에 이용하였다.

다항로짓모형에 의해 추정한 결과는 <표 5-12>에 제시되어
있다. 변수들의 계수의 부호는 해당 습지 보전 부담금에 대한 계수
만 음(-)의 값을 가지고 그 이외의 습지 속성들의 경우는 양(+)의
값으로 나타나 이론적 예상과 일치하고 있다. 추정 계수의 통계적
유의성과 관련해서는 해당 습지 보전 부담금, 멸종위기종 수, 습지
의 면적, 일반 생물종 수준이 1% 유의수준에서, 주요 철새 도래지
더미는 5% 유의수준에서 통계적으로 유의하다고 볼 수 있다. 한편

습지보호지역 더미는 10% 유의수준에서 유의하지 않지만, 유의확률(p-value)은 0.2597로 나타났다.

이 모형에서 계수값이 양(+)의 값이라는 것은 해당 속성의 수준이 증가함에 따라 응답자들의 선택 확률이 높아지는 것으로 해석할 수 있고, 그 반대의 경우인 음(-)의 값이라면 해당 속성이 수준이 증가함에 따라 응답자의 선택 확률이 낮아진다는 것을 의미한다. 그러므로 멸종위기종 수, 습지의 면적, 일반 생물종 수준, 주요 철새 도래지의 수준이 증가하면 응답자들의 선택 확률이 커지고, 해당 습지 보전을 위한 부담금의 액수가 커지면 응답자들의 선택 확률이 작아진다.

〈표 5-12〉 습지의 속성 모형 추정결과

변 수	변수 설명 (변수의 단위 및 코딩 정보)	추정계수	t-값
C_SZ	습지의 면적 (단위: ha)	0.000552	8.57[***]
C_MB	주요 철새 도래지 더미 (주요 철새 도래지=1, 주요 철새 도래지 아닌 경우=-1)	0.047524	2.50[**]
C_ES	멸종위기종 수 (없음=0, 1~5종=3, 6~10종=8)	0.068501	11.25[***]
C_BL	일반 생물종 수준 (보통 미만=-3, 보통=-1, 풍부=1, 매우 풍부=3)	0.049220	4.93[***]
C_CZ	습지보호지역 더미 (습지보호지역=1, 습지보호지역 아닌 경우=-1)	0.022424	1.13
C_WTP	해당 습지 보전 부담금 (단위: 원)	-0.000062	-18.38[***]
관측치의 개수			5,760
로그-우도값			-6064.418

주) ***, **, *는 각각 유의수준 1%, 5%, 10%에서 통계적으로 유의함을 의미함.

개별 속성에서 보다 덜 선호되는 수준으로부터 한 단위 또는 한 수준의 개선을 하기 위한 응답자의 연간 한계지불의사액은 앞서의 식에 의해 계산할 수 있다. 습지의 속성 및 수준별 지불의사금액(즉, 경제적 가치)는 <표 5－13>에 제시되어 있다. 여기서 습지보호지역 속성을 제외한 모든 속성이 통계적 유의수준 5%에서 유의하다. 특히 습지의 면적, 멸종위기종 수, 일반 생물종 수준의 경우는 통계적 유의수준 1%에서 유의하다. 습지보호지역 속성의 경우 10% 통계적 유의수준에서 유의하다고 볼 수 없지만 유의확률(p value)의 값은 0.2420이다. 습지의 면적이 1ha 증가하면 응답자들의 평균 지불의 사금액은 9원씩 증가하고, 95% 신뢰구간은 7원～11원 수준이다.

주요 철새 도래지의 경우는 주요 철새 도래지가 아닌 경우에 비해 응답자들은 평균적으로 1,538원을 더 지불할 의사를 가지고 있다. 주요 철새 도래지인 경우 개인 평균 지불의사금액의 95% 신뢰구간은 292원～2,660원이다. 멸종위기종 수가 1종 증가하면 개인 응답자의 평균 지불의사금액은 1,108원(95% 신뢰구간 912원～1,317원)만큼 커진다. 특정 해당 습지에 멸종위기종의 수가 3종 내지 8종 등과 같이 증가하면 그에 대한 개인 평균 지불의사금액은 그 배수만큼 증가하게 된다.

일반 생물종 수준의 경우 '보통'이면, 개인 평균 지불의사금액은 1,593원(95% 신뢰구간 1,030원～2,159원)이다. 풍부한 일반 생물종 수준을 갖는 경우에 개인 평균 지불의사금액은 3,186원(95% 신뢰구간 2,061원～4,319원)이며, 매우 풍부한 일반 생물종 수준일 때 개인 평균 지불의사금액은 4,779원(95% 신뢰구간 3,091원～6,478원)이다. 습지보호지역이면 습지보호지역이 아닌 경우에 비해 개인 평균 지불의사금액은 726원(95% 신뢰구간 －523원～1,918원)만큼 증가한다.

<표 5-13> 습지의 속성 및 수준별 개인 평균 지불의사금액

속 성	수준 및 범위		지불의사액 (t 값)	95% 신뢰구간(원)
습지의 면적 (ha)	• 면적(단위: ha)		9원 (7.59)***	7~11
주요 철새 도래지	• 주요 철새 도래지		1,538원 (2.55)**	292~2,660
멸종위기종 수	• 멸종위기종 수(단위: 종)		1,108원 (10.73)***	912~1,317
일반 생물종 수준	수준 1	• 보통	1,593원 (5.53)***	1,030~2,159
	수준 2	• 풍부	3,186원 (5.53)***	2,061~4,319
	수준 3	• 매우 풍부	4,779원 (5.53)***	3,091~6,478
습지보호지역	• 국내외 습지보호지역		726원 (1.17)	-523~1,918

주 1) *, **, ***는 각각 유의수준 10%, 5%, 1% 에서 통계적으로 유의함을 의미함.
주 2) 신뢰구간은 Krinsky and Robb(1986)이 제안한 몬테칼로 시뮬레이션 기법을 이용하여 계산하였으며, 난수발
생의 횟수는 5,000회로 하였음. 신뢰구간으로부터 t값은 계산함.

습지의 속성 및 수준별 개인 평균 지불의사금액을 모집단의 인구
수를 고려하여, 습지의 속성 및 수준별 경제적 가치로 환산할 수 있
다. 본 연구의 모집단은 2006년 주민등록인구 중 20세 이상 65세
이하에 해당하는 3,222만 9,428명이다. 그러므로 습지의 속성 및 수
준별 개인 평균 지불의사금액에 이 모집단의 수를 곱하여 도출한
습지의 속성 및 수준별 경제적 가치는 다음 <표 5-14>에 제시
되어 있다.

또한 이 습지의 속성 및 수준별 경제적 가치를 연간 경제적 가치
로 환산하기 위해서는 할인율을 곱해주면 된다. 습지의 속성 및 수
준별 가치는 연간 경제적 가치를 할인율로 나누었을 때 얻어진다
고 볼 수 있기 때문이다. 본 연구에서는 2008년 현재 한국개발연구

원에서 예비타당성조사를 위해 이용하는 5.5%의 할인율을 분석에 이용한다.

습지의 면적 1ha의 경제적 가치는 3억원(95% 신뢰구간 2억원~4억원)이며, 연간 경제적 가치는 1,600만원(95% 신뢰구간 1,200만원~2,000만원)이다. 주요 철새 도래지의 경제적 가치는 496억원(95% 신뢰구간 94억원~857억원)이며, 연간 경제적 가치는 27억 2,600만원(95% 신뢰구간 5억 1,700만원~47억 1,500만원)이다. 멸종위기종 1종의 경제적 가치는 357억원(95% 신뢰구간 294억원~424억원)이며, 연간 경제적 가치는 19억 6,500만원(95% 신뢰구간 16억 1,600만원~23억 3,400만원)이다.

일반 생물종 수준의 경우 '보통'이면, 경제적 가치는 513억원(95% 신뢰구간 332억원~696억원)이며, 연간 경제적 가치는 28억 2,400만원(95% 신뢰구간 18억 2,600만원~38억 2,800만원)이다. 일반생물종 수준이 '풍부'인 경우의 경제적 가치는 1,027억(95% 신뢰구간 664억원~1,392억원)이며, 연간 경제적 가치는 56억 4,700만원(95% 신뢰구간 36억 5,300만원~76억 5,600만원)이다. 한편 일반생물종 수준이 '매우 풍부' 수준이면 경제적 가치는 1,540억원(95% 신뢰구간 996억원~2,088억원)이며, 연간 경제적 가치는 84억 7,100만원(95% 신뢰구간 54억 7,900만원~114억 8,400만원)이다. 습지보호지역의 경제적 가치는 234억원(95% 신뢰구간 -168억원~618억원)이며, 연간 경제적 가치는 12억 8,600만원(95% 신뢰구간 -9억 2,700만원~34억원)이다.

<표 5-14> 습지의 속성 및 수준별 경제적 가치

(단위: 억원)

속 성	수준 및 범위		경제적 가치 (95% 신뢰구간)	연간 경제적 가치 (95% 신뢰구간)
습지의 면적 (ha)	• 면적(단위: ha)		3 (2~4)	0.16 (0.12~0.20)
주요 철새 도래지	• 주요 철새 도래지		496 (94~857)	27.26 (5.17~47.15)
멸종위기종 수	• 멸종위기종 수(단위: 종)		357 (294~424)	19.65 (16.16~23.34)
일반 생물종 수준	수준 1	• 보통	513 (332~696)	28.24 (18.26~38.28)
	수준 2	• 풍부	1,027 (664~1,392)	56.47 (36.53~76.56)
	수준 3	• 매우 풍부	1,540 (996~2,088)	84.71 (54.79~114.84)
습지보호지역	• 국내외 습지보호지역		234 (-168~618)	12.86 (-9.27~34.00)

(2) 대상 주요 습지의 가치 평가

이제 앞에서 도출된 <표 5-14>의 내륙 습지의 속성 및 수준별 가치를 이용하여 본 연구의 대상인 6개 우리나라 주요 습지인 금강습지, 낙동강하구습지, 산들늪습지, 우포습지, 장항습지, 화진포습지의 경제적 가치를 추정하고자 한다. 우선 각 습지의 속성별 수준을 정리하면 다음 <표 5-15>과 같다.

<표 5-15> 본 연구 대상 습지의 주요 속성 수준

	금강습지	낙동강하구 습지	산들늪	우포습지	장항습지	화진포 습지
면적(ha)	150	3,420	58	854	270	240
주요 철새 도래지 여부	○	○	×	○	○	○
멸종위기종수	6	26	5	19	22	8
일반생물종수준	풍부	매우 풍부	풍부	매우 풍부	매우 풍부	보통
습지보호지역 여부	×	○	○	○	○	×

금강습지는 150ha의 면적으로 주요 철새 도래지이다. 멸종위기종 Ⅰ급에는 포유류 1종이 있고, 멸종위기종 Ⅱ급에는 조류 5종으로 총 6종의 멸종위기종이 있다. 일반 생물종은 풍부한 상태이며 국내외 습지보호지역으로 지정되어 있지는 않다.

낙동강하구습지는 3,420ha의 면적으로 주요 철새 도래지이다. 멸종위기종 Ⅰ급에는 포유류 1종, 조류 7종이 있고, 멸종위기종 Ⅱ급에는 포유류 2종, 조류 14종, 양서·파충류 2종으로 총 26종의 멸종위기종이 있다. 일반 생물종은 매우 풍부한 상태이며 1999년 국내 습지보호지역으로 지정되어 있다.

산들늪습지는 58ha의 면적으로 주요 철새 도래지는 아니다. 멸종위기종 Ⅱ급에 포유류 2종, 조류 1종, 곤충류 1종, 식물 1종으로 총 5종의 멸종위기종이 있다. 일반 생물종은 풍부한 상태이며 2006년 국내 습지보호지역으로 지정되어 있다.

우포습지는 854ha의 면적으로 주요 철새 도래지이다. 멸종위기종 Ⅰ급에는 조류 3종이 있고, 멸종위기종 Ⅱ급에는 포유류 1종, 조류 12종, 양서·파충류 2종, 식물 1종으로 총 19종의 멸종위기종이 있다. 일반 생물종은 매우 풍부한 상태이며 1998년 람사르 등록 습지로 지정되었으며 1999년 국내 습지보호지역으로 지정되었다.

장항습지는 270ha의 면적으로 주요 철새 도래지이다. 멸종위기종 Ⅰ급에는 조류 5종이 있고, 멸종위기종 Ⅱ급에는 포유류 2종, 조류 15종으로 총 22종의 멸종위기종이 있다. 일반 생물종은 매우 풍부한 상태이며 2006년 국내 습지보호지역으로 지정되어 있다.

화진포습지는 240ha의 면적으로 주요 철새 도래지이다. 멸종위기종 Ⅰ급에는 조류 4종이 있고, 멸종위기종 Ⅱ급에는 조류 4종으로 총 8종의 멸종위기종이 있다. 일반 생물종은 보통 상태이며 국내외 습지보호지역으로 지정되어 있지는 않다.

대상 습지의 속성별 개인 평균 지불의사금액은 앞서 구해진 습지의 개인 평균 지불의사금액에 대상 습지의 속성을 반영하여 계산할 수 있다. 그 결과는 <표 5－16>에 있듯이, 낙동강하구습지 66,411원, 우포습지 35,732원, 장항습지 33,841원, 화진포습지 14,143원, 금강습지 12,715원, 산들늪 9,972원이다.

<표 5－16> 대상 습지의 속성별 개인 평균 지불의사금액

(단위: 원)

속성＼대상 습지	금강습지	낙동강습지	산들늪	우포습지	장항습지	화진포습지
면적(ha)	1,340	30,548	518	7,628	2,412	2,144
주요철새도래지여부	1,538	1,538	0	1,538	1,538	1,538
멸종위기종수	6,651	28,820	5,542	21,061	24,386	8,868
일반생물종수준	3,186	4,779	3,186	4,779	4,779	1,593
습지보호지역여부	0	726	726	726	726	0
합계	12,715	66,411	9,972	35,732	33,841	14,143

대상 습지 보전을 위한 지불의사금액의 95% 신뢰구간을 Krinsky and Robb(1986)이 제안한 몬테칼로(Monte Carlo) 시뮬레이션 기법을 이용하여 계산하였으며, 난수발생의 횟수는 5,000회로 하였다. 신뢰구간으로부터 t값은 계산하였다. t값에 의할 경우 대상 습지에 대한 지불의사금액은 유의수준 1%에서 통계적으로 유의함을 알 수 있다. 금강습지의 경우 습지 보전을 위한 개인 평균 지불의사금액은 12,715원이고, 95% 신뢰구간은 11,200원～14,201원이다. 낙동강하구습지의 경우 습지 보전을 위한 개인 평균 지불의사금액은 66,411

원이고, 95% 신뢰구간은 58,828원~74,521원이다. 산들늪습지의 경우 습지 보전을 위한 개인 평균 지불의사금액은 9,972원이고, 95% 신뢰구간은 8,354원~11,547원이다. 우포습지의 경우 습지 보전을 위한 개인 평균 지불의사금액은 35,732원이고, 95% 신뢰구간은 32,312원~39,313원이다. 장항습지의 경우 습지 보전을 위한 개인 평균 지불의사금액은 33,841원이고, 95% 신뢰구간은 29,799원~37,946원이다. 화진포습지의 경우 습지 보전을 위한 개인 평균 지불의사금액은 14,143원이고, 95% 신뢰구간은 12,400원~15,908원이다.

〈표 5-17〉 대상 습지에 대한 개인 평균 지불의사금액의 **95%** 신뢰구간

경제적 가치 \ 대상 습지		금강습지	낙동강습지	산들늪	우포습지	장항습지	화진포습지
개인 평균 지불의사 금액(원)	개인 평균 WTP	12,715	66,411	9,972	35,732	33,841	14,143
	95% 신뢰구간 하한값	11,200	58,828	8,354	32,312	29,799	12,400
	95% 신뢰구간 상한값	14,201	74,521	11,547	39,313	37,946	15,908
t 값		16.6	16.6	12.2	20.0	16.3	15.8

대상 습지의 속성별 총지불의사금액(즉, 경제적 가치)은 대상 습지의 속성별 개인 평균 지불의사금액에 모집단의 수인 2006년 주민등록인구상 20세 이상 65세 이하인 인구수를 곱하여 계산된다. 그 결과는 낙동강하구습지의 경제적 총가치는 2조 1,404억원, 우포습지는 1조 1,516억원, 장항습지 1조 907억원, 화진포습지 4,558억원, 금강습지 4,098억원, 산들늪습지 3,214억원이다.

<표 5-18> 대상 습지의 속성별 총지불의사금액(경제적 가치)

(단위: 억원)

속성 \ 대상 습지	금강습지	낙동강습지	산들늪	우포습지	장항습지	화진포습지
면적(ha)	432	9,846	167	2,458	777	691
주요철새도래지여부	496	496	0	496	496	496
멸종위기종수	2,144	9,289	1,786	6,788	7,860	2,858
일반생물종수준	1,027	1,540	1,027	1,540	1,540	513
습지보호지역여부	0	234	234	234	234	0
합계	4,098	21,404	3,214	11,516	10,907	4,558

대상 습지의 속성별 연간 경제적 가치는 대상 습지의 속성별 경제적 가치에 할인율을 곱하여 구할 수 있다. 이는 대상 습지의 속성별 경제적 가치가 대상 습지의 속성별 연간 경제적 가치를 할인율로 나눈 것에서 도출되기 때문이다. 본 연구에서는 2008년 현재 한국개발연구원에서 예비타당성조사를 수행할 때 적용하고 있는 5.5%의 할인율을 적용하여 분석하였다. 그 결과 대상습지의 연간 경제적 가치는 낙동강하구습지 1,177억원, 우포습지는 633억원, 장항습지 600억원, 화진포습지 251억원, 금강습지 225억원, 산들늪습지 177억원이다.

<표 5-19> 대상 습지의 속성별 연간 경제적 가치

(단위: 억원)

속성 \ 대상 습지	금강습지	낙동강습지	산들늪	우포습지	장항습지	화진포습지
면적(ha)	24	542	9	135	43	38
주요철새도래지여부	27	27	0	27	27	27
멸종위기종수	118	511	98	373	432	157
일반생물종수준	56	85	56	85	85	28
습지보호지역여부	0	13	13	13	13	0
합계	225	1,177	177	633	600	251

　한편 대상 습지의 경제적 가치의 95% 신뢰구간은 대상 습지의 보전을 위한 개인 평균 지불의사금액의 95% 신뢰구간에 모집단의 인구수를 곱하여 얻어진다. 그리고 대상 습지의 연간 경제적 가치는 대상 습지의 경제적 가치에 할인율을 곱하여 계산할 수 있다.

　금강습지의 경제적 가치는 4,098억원이고, 95% 신뢰구간은 3,610억원~4,577억원이다. 금강습지의 연간 경제적 가치는 222억원이며 95% 신뢰구간은 199억원~252억원이다. 낙동강하구습지의 경제적 가치는 2조 1,404억원이고, 95% 신뢰구간은 1조 8,960억원~2조 4,018억원이다. 낙동강하구습지의 연간 경제적 가치는 1,177억원이며 95% 신뢰구간은 1,043억원~1,321억원이다. 산들늪습지의 경제적 가치는 3,214억원이고, 95% 신뢰구간은 2,693억원~3,722억원이다. 산들늪습지의 연간 경제적 가치는 177억원이며 95% 신뢰구간은 148억원~205억원이다. 우포습지의 경제적 가치는 1조 1,516억원이고, 95% 신뢰구간은 1조 414억원~1조 2,670억원이다. 우포습지의 연간 경제적 가치는 633억원이며 95% 신뢰구간은 573억원~697억원이다. 장항습지의 경제적 가치는 1조 907억원이고, 95% 신뢰구간은 9,604억원~1조 2,230억원이다. 장항습지의 연간 경제적 가치는 600억원이며 95% 신뢰구간은 258억원~673억원이다. 화진포습지의 경제적 가치는 4,558억원이고, 95% 신뢰구간은 3,996억원~5,127억원이다. 화진포습지의 연간 경제적 가치는 251억원이며 95% 신뢰구간은 220억원~282억원이다.

〈표 5-20〉 대상 습지의 경제적 가치

경제적 가치 \ 대상 습지	금강습지	낙동강습지	산들늪	우포습지	장항습지	화진포습지
경제적 가치(억원)	4,098 (3,610 ~ 4,577)	21,404 (18,960 ~ 24,018)	3,214 (2,693 ~ 3,722)	11,516 (10,414 ~ 12,670)	10,907 (9,604 ~ 12,230)	4,558 (3,996 ~ 5,127)
연간 경제적 가치(억원)	225 (199 ~ 252)	1,177 (1,043 ~ 1,321)	177 (148 ~ 205)	633 (573 ~ 697)	600 (528 ~ 673)	251 (220 ~ 282)

주: 괄호안의 값은 95% 신뢰구간임.

제6장 편익이전법

제1절 개 요

일반적으로 새로운 연구는 많은 시간과 비용이 필요하다. 그러나 새로운 연구를 하기에는 시간과 비용이 부족한 상황이라면 무엇을 할 수 있을까? 예를 들어 강원도 석회석 광산의 허가를 결정해야 하는 길지 않은 시간안에 결정해야 하는 상황을 생각할 수 있다. 석회석 광산에 의한 피해에 대한 유사 연구들을 검토하고 그로부터 석회석 광산에 의한 피해액을 가늠할 수 있을 것이다. 이 정보를 차선책으로 정책에 반영할 수 있다. 이러한 형태와 같이 기존의 연구로부터 편익을 이전해서 이용하는 방법을 편익이전(benefit transfer, BT)라고 부른다.

편익이전 기법은 다양한 단계에서 정책과 의사결정 과정에 유용한 정보를 제공해 줄 수 있다. 예를 들어 정책의 골격을 만드는 과정, 정책 평가, 정책의 영향 평가, 자연자원의 손실액 검토 등에 다양하게 이용될 수 있다.

Freeman(1984)은 편익이전 기법을 평가하면서 특정 조건하에서 원자료에서 얻어진 결과를 이전하는 것이 가능하다고 보았다. 1992년에는 Water Resources Research라는 학술지에서 편익이전과 관련된 특별판을 발간하였다. 여기서 편익이전 기법에 대한 다양한 비판과 더불어 편익이전의 기본절차, 이론적 기초, 확인해야 할 사항들과 새로운 접근방법 등이 제안되었다. Loomis(1992)는 기존의 단일값 편익 이전 방식보다 수요 함수 / 지불의사함수와 같은 함수의 이전이 보다 나은 결과를 가져올 수 있음을 보였다. 한편 Walsh, Johnson, and McKean(1989, 1992)과 Smith and Karou(1990)은 휴양 관련 연구들에 대해 메타회귀분석을 하여 편익 이전에 이용될 수 있는 새로운 방법을 제안하였다. Rosenberger and Loomis(2001)의 연구는 휴양 활동에 대한 편익을 제시하기 위해 편익이전 기법을 적용하였다.

편익이전은 다른 상황에서의 연구로부터 가져온 정보를 조정하는 것이다. 원 연구의 상황을 연구 지역(study site)라고 하고, 정보가 필요하지만 현재 정보를 가지고 있지 못한 상황을 정책 지역(policy site)라고 부른다. 결국 편익이전은 연구 지역의 정보를 이용하여 정책 지역의 정보로 활용하는 기술이다.

편익이전 기법은 크게 가치 추정치 이전(value transfer)과 편익함수 이전(function transfer) 두 가지로 대별될 수 있다([그림 6 - 1] 참조). 우선 가치 추정치 이전은 가치를 추정하고자 하는 대상지와 유사한 대상지에 대해 수행된 기존 연구결과로부터 하나의 점 추정치를 이전하는 '점 추정치 이전(single point estimate transfer)'과 유사한 다수의 대상지에 대해 수행되었던 연구결과들로부터 하나 이상의 추정치를 추출, 이들의 대표값(대표적으로는 평균값을 사용함)을 이전하는 '평균값(중앙 대표값) 이전(average value (central tendency) transfer)'을 포함한다. 반면 편익함수 이전은 하나의 대상지에서 추정된 수요(또는 편익)함수를 이전하는 '수요(편익)함수 이전(demand (benefit) function transfer)'과 하나 이상의 서로 다른 대상지를 대상으로 수행된 연구결과들을 모두 모아서 메타회귀분석 후 그 결과를 활용하여 이전하는 '메타회귀분석 함수이전(meta - regression function transfer)'으로 다시 구분된다.(안소은, 2006)

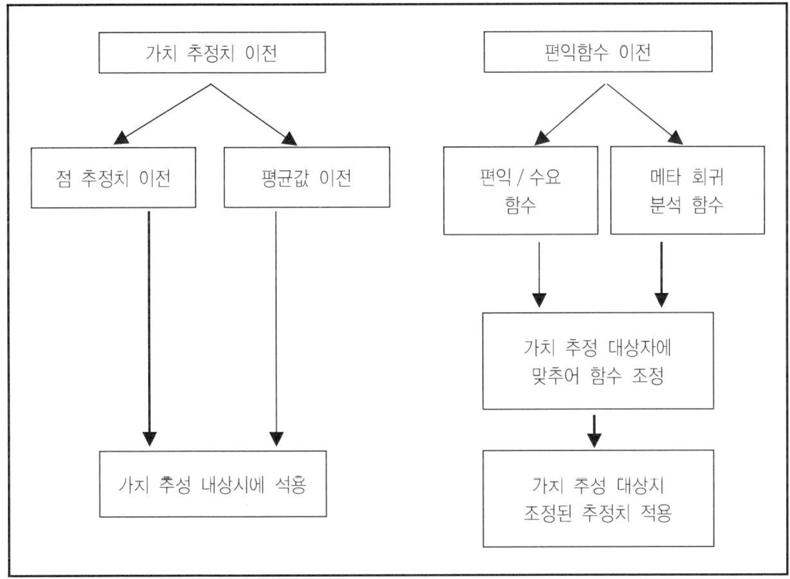

자료: Rosenberger and Loomis et al.(2001) p.6

〈그림 6-1〉 편익이전 기법의 유형

제2절 가치추정치 이전

점 추정치 이전은 원 연구의 요약 통계량(즉, 단위 지불의사금액, 탄력성, 한계효과 등)을 정책 지역에 적용하는 방법이다. 여기에는 점추정치 이전에는 특정 연구의 점 추정치를 이전하는 방법과 더불어 중심 성향 측정치를 이전하는 방법이 있다.

점 추정치 이전에서 특정 연구의 점 추정치를 이전하는 방법은 정책 지역과 가장 유사하다고 볼 수 있는 연구 지역의 자료를 적용하는 것이다. 예를 들어 강원도 지역에서 연어의 산란장으로서 강의 수질을 개선하는 경우 그에 의한 편익을 추정하고자 하는 경우를 생각해 볼 수 있다. 이 때 지역적 차이는 있지만 경상북도에서 유사한 연구를 수행한 연구 결과가 있다면, 그와 같은 정책을 수행하는 경우 지역의 가구가 부여하는 편익 추정치들을 직접 적용하여 강원도 지역에서 연어의 산란장으로 특정 강의 수질을 개선하는 정책의 편익을 추정할 수 있다.

점 추정치 이전을 하는 경우라도 단일값을 이전하는 것보다는 신뢰구간에 해당하는 범위를 이전하는 것도 바람직하다. 왜냐하면 원 연구에서 제시된 값들은 일반적으로 추정치로서 통계적 신뢰구간을 가지고 있기 때문이다. 신뢰구간은 편익 추정치의 분포에 대한 정보를 담고 있기 때문에, 점 추정치의 신뢰구간을 이전하는 것이 보다 제대로 된 편익 이전을 하는 것이다.

점 추정치 이전에서 중요한 결정은 과연 정책 지역과 유사한 연구 지역의 연구가 존재하는지를 판단하는 일이다. 수집된 여러 가지 유사한 연구로부터 가장 유사성이 높은 연구를 선정할 수 있는 기준이 필요하다. 가장 유사성이 높은 연구를 선정과 더불어 기존 연구의 질도 중요하게 고려하여야 할 요소이다. 유사성은 높지만 연구의 질이 신뢰할 만하지 않은 경우에는 편익이전의 결과가 만족스럽지 못할 가능성이 크다.

〈표 6-1〉 점추정치 편익이전(BT)의 적용 절차

1단계: 정책 상황 정의
2단계: 기존 연구의 결과 수집 및 정리
3단계: 기존 연구의 관련성 검토
4단계: 점 추정치 또는 점 추정치의 범위 선택
5단계: 점 추정치 또는 점 추정치의 범위 이전

한편 점추정치 이전에서 단일 연구로부터 점 추정치를 이전하는 것보다 다수의 연구로부터 중심 성향 측정치(즉, 평균값, 중간값 등)를 이전하는 것이 바람직하다. 다수의 연구로부터 중심 성향 측정치를 이전하는 경우는 단일 연구의 오류에서 발생하는 편의를 회피할 수 있기 때문이다. 그러나 이 경우에도 다수의 연구에 있는 점추정치들의 유사성과 연구의 질은 동시에 중요하게 고려하여야 하는 요소들이다.

제3절 수요 / 편익 함수 이전

수요 함수 또는 편익 함수 이전은 연구 지역의 추정치가 연구 지역의 특성들(예를 들면, 지위치, 물리적 특징, 기후 등)과 다른 설명 변수들(예를 들면 사회인구학 변수, 태도, 시기 등)의 함수라는 전제에 기초하고 있다.

함수 편익이전의 경우는 수요 함수 또는 지불의사함수를 직접 이전하는 방법이다. 이 경우는 연구 지역과 정책 지역의 유사성이 다소 차이가 있다 하더라도, 수요 함수 또는 지불의사함수에 포함된 독립변수들의 정책 지역에서의 값을 알 수 있다면 편익을 구하는 것이 가능하다. 예를 들어 연어 산란장을 만들기 위해 강의 수질을 회복시키는 정책에 대한 경상북도의 연구에서 지불의사금액이 소득에 영향을 받은 함수인 경우를 생각해 보자. 이 경우 강원도로 편익을 이전하면서 강원도 지역의 소득 수준을 이 함수에 넣어 계산한다면, 보다 현실적인 강원도 지역에서 연어 산란장을 회복하기 위한 강의 수질 개선 정책에 대한 편익을 계산할 수 있다.

〈표 6-2〉 함수 편익이전(BT)의 적용 절차

1단계: 정책 상황 정의
2단계: 기존 연구의 결과 수집 및 정리
3단계: 기존 연구의 관련성 검토
4단계: 새로운 정책 지역(policy site)에 대한 요약 자료 수집
4단계: 이전 함수에 새로운 정책 지역의 특성 반영하여 정책 지역의 편익 추정치를 추정
5단계: 계산된 추정치의 합산

제4절 메타 회귀분석

메타 회귀분석 함수 이전 방법도 함수 이전 방법의 하나이다. 수요 혹은 편익 함수 이전 기법은 단일 연구의 결과에서의 통계적 관계에 의존하지만, 메타 회귀분석의 경우는 여러 연구의 결과들을 요약하고 통합하는 방법이다. 기본적으로 메타 회귀분석에는 여러 연구로부터 실제 자료를 합치는 방법과 여러 연구들의 가치 추정치와 같은 요약 통계 자료를 이용하는 방법이 있다. 비시장재화의 가치 평가에서는 후자의 방법이 일반적으로 이용된다.

메타 회귀분석은 수요 및 편익 함수 이전이 가지고 있는 문제점들을 극복할 수 있다. 여러 연구들에서 발견되는 추정치들의 다양한 값들을 통계적으로 설명할 수 있다. 추정치들의 차이는 기존 연구들의 특징들(가치평가 방법, 조사 방법, 지리적 위치 등)으로 설

명되어진다. 메타 회귀분석을 이용하면 개별 연구 결과에 영향을 주는 개별 연구 결과의 특성 변수들을 파악할 수 있다.

환경 및 자원 경제학 분야에서 처음으로 수행된 메타 회귀분석 연구에는 휴양 편익에 대한 여행비용 자료를 이용한 Smith and Kaoru(1990)과 야외 휴양 편익에 대한 Walsh, Johnson, and McKean(1989, 1992)이 있다. 그 외에 지하수에 대한 Boyle, Poe, and Bergstrom(1994), 대기질에 의한 건강 영향에 대한 Smith and Huang(1995), Smith and Osborne(1996), Desvousges, Johnson, and Banzhaf(1998), 확률적 생명 가치에 대한 Mrozek and Taylor(2002), 멸종 위기종에 대한 Loomis and White(1996), 야외 휴양 편익에 대한 Rosenberger and Loomis(2001) 등이 있다.

메타 회귀분석에서 종속변수는 각 개별 연구에서의 요약 통계량(즉, 편익 추정치, 탄력성 등)이고, 독립변수 또는 설명변수는 모형, 조사 설계 및 원자료의 특성들이다. 그러므로 연구에서 편익 추정치의 차이를 개별 연구의 특성들 즉, 가치추정 방법론, 조사 방법, 시기, 연구 대상 지역의 물리적 속성들에 의해 설명하게 된다.

메타 회귀분석의 적용 절차는 Stanley(2001)로부터 수정하여 제시된 것이다.

첫 번째 단계에서는 새로운 정책 대상 지역의 다양한 특성들을 정의하여야 한다. 여기에는 어떤 정보가 필요하고 어떤 단위로 측정해야 하는지 등을 결정하여야 한다.

두 번째 단계에서는 표준적 데이터베이스의 규격을 개발한다. 우선 문헌 조사를 통하여 관련성이 있는 자료들을 확보한 뒤, 각 연구에 대하여 가능한 한 많은 정보를 일치성있게 자료화할 수 있는 코딩 규칙을 개발하여야 한다. 여기에는 원 연구의 종속변수와 독립변수, 연구방법론 및 그 외의 연구 특성들, 연구의 출처, 연구의 저자 등이 포함되어야 한다.

세 번째 단계에서는 관련성있는 기존 연구들을 검토한다. 수집된 자료들을 검토하여 관련성있는 실증 추정치, 검증, 발견이 포함된 연구들로 이용할 자료들을 한정할 필요가 있다.

네 번째 단계는 공통된 단위로 요약 통계량을 정리하는 단계이다. 요약 통계량은 새로운 정책 대상 지역에 대한 필요한 주요 정보이다. 공통 단위로 전환하는 작업은 모든 실증 추정치들을 동일한 단위(예를 들면 연단위)로 바꾸는 것도 포함한다. 이러한 요약 통계량들은 메타 회귀분석에서 종속 변수로 역할을 한다.

〈표 6-3〉 메타회귀분석의 적용 절차

1단계: 정책 상황 정의
2단계: 표준적 데이터베이스 구조 개발
3단계: 기존 연구의 관련성 검토
4단계: 공통의 단위를 이용한 요약 통계 작성
5단계: 독립 변수 선택
6단계: 메타 회귀분석 실행
7단계: 새로운 정책 대상 지역에 대한 요약 자료 수집
8단계: 메타 회귀분석 계수와 새로운 정책 대상 지역의 요약 자료를 이용하여 새로운 정책 대상 지역의 맞춤 추정치 추정
9단계: 편익 추정치들의 합산

다섯 번째 단계에서는 독립변수를 선택하여야 한다. 여기에는 개별 연구 결과의 차이를 설명하는데 중요하다고 생각되거나 결과적으로 중요한 역할을 하는 연구 특성들이 포함되어야 한다. 2단계에서 자료를 코딩할 때 포함된 자료들만이 고려의 대상이 될 수 있다.

여섯 번째 단계에서는 메타 회귀분석을 수행한다. 요약 통계량이 종속변수이고 독립변수는 설명변수로 역할을 한다. 메타 회귀분석의 목적은 개별 연구들로부터의 종속 변수값의 차이를 설명하는 것이다. 표준적인 계량경제학적 고려가 이 단계에서 이루어져야 한다.

일곱 번째 단계는 새로운 정책 대상 지역에 대한 요약 자료를 수집하는 단계이다. 메타 회귀분석 모형은 여러 독립변수들을 포함하고 있다. 이 모형에 포함되어 있는 독립변수들에 적용할 정책 대상 지역의 자료를 가급적 많이 수집할 필요가 있다.

여덟 번째 단계에서는 메타 회귀분석 모형의 추정 계수와 정책 대상지역의 자료를 이용하여 대상 지역의 맞춤 추정치(tailored estimate)를 산출한다.

마지막 단계에서는 맞춤 추정치를 합산한다. 맞춤 추정치를 이용하여 대상 지역의 단위를 곱하여 대상 지역의 총 추정치를 구한다.

제5절 적용사례[53)

1. 가치 추정치 편익이전 적용 사례: 습지의 가치

1) 선행연구의 정리

안소은·노백호(2007)에서는 먼저 국내 습지를 대상으로 한 가치

---

53) 이 사례는 공동연구로 참여했던 강만옥 외(2008),「우리나라 주요 습지의 경제적 가치 평가 연구」중 일부임.

추정 연구의 수집을 위하여,「한국학술정보」(http://kiss.kstudy.com/),
「국회도서관홈페이지」(http://www.nanet.go.kr/),「환경종합디지털도서
관」(http://library.me.go.kr/),「정부출연연구기관지식정보시스템」
(http://www.ikis.re.kr/) 등의 학술문헌 검색 웹사이트와 대학도서관
홈페이지 그리고 환경부, 해양수산부, 농림부 등의 습지관련 정부
부처 자료실 홈페이지 등을 검색하였으며, 검색된 자료의 참고문헌
을 토대로 재검색을 실시하였다. 검색결과 총 35편의 습지 가치추
정 연구가 확인되었으나, 이 중 중복연구나 실증분석에 요구되는
정보가 불충분한 연구는 제외하고, 최종적으로 26편의 습지 가치추
정 연구를 확보하였다.

최근까지의 국내 습지 연구 자료에 대한 조사는 안소은·노백호
(2007)에 의해 이미 정리되어 있어 더 이상 추가할 연구 자료는 없었
다. 이 연구를 수행하면서 선택실험법을 이용하여 금강습지, 낙동
강하구습지, 산들늪습지, 우포습지, 장항습지, 화진포습지의 6가지
습지의 추정치가 있으므로, 이들도 기존 연구자료로 포함시켰다.

한편 안소은·노백호(2007)이 정리한 기존 연구 26가지 중에서 해
양수산부(1999), 이상식(2002), 심기섭(2003)의 연구는 분석에서 제외
하였다. 안소은·노백호(2007)의 경우도 해양수산부(1999) 및 심기
섭(2003)의 연구는 해수욕장을 대상으로 한 연구라 다른 대상 습지
와 성격이 다르다고 보고 배제하고 분석을 진행하고 있다. 본 연구
에서는 파주시 곡릉천 폐천부지를 대상으로 한 이상식(2002)의 연
구의 경우도 마찬가지 이유로 분석 자료에서 제외하였다.

그 결과 분석에 이용한 국내 습지 가치 평가 연구자료는 <표 6-
4>에 정리되어 있는 총 24편의 연구이다. 이로부터 대상 습지별

가치 추정치 35개를 기본 분석 자료로 이용하였다. 안소은·노백호 (2007)의 연구에서는 습지의 기능에 대한 개별 추정치를 다른 추정치로 이용하였지만, 본 연구에서는 특정 대상 습지의 총가치만을 하나의 추정치로 간주하였다. 왜냐하면 특정 대상 습지의 가치를 편익 이전을 통해 추정하고자 하는 경우, 습지의 기능별 추정치를 분리해서 자료로 이용하기 보다는 기존 연구에서 제시한 대상 습지의 가치를 기본 자료로 이용하는 것이 필요하다고 판단했기 때문이다.

〈표 6-4〉 수집된 습지 가치추정 선행연구 요약

연 번	연 구	추정치	연구대상지	가치 범주
1	환경부(1996)	4	홍보/군장/대부도/영종도	사용가치
2	박태윤 외(1997)	1	강화도	사용가치
3	장수환(1998)	1	새만금 지구	사용가치
4	농림부(1998)	1	영산강 Ⅳ단계 지구	사용가치
5	유병국(1998)	1	강화도	총가치
6	이대영(1999)	1	인천	사용가치
7	최재선(1999)	1	새만금 지구	사용가치
8	농어촌진흥공사(1999a)	1	일반적인 갯벌	사용가치
9	농어촌진흥공사(1999b)	1	일반적인 갯벌	사용가치
10	최미희(2000)	1	영산강 Ⅳ단계 지구	사용가치
11	해양수산부(2000a)	1	선재도	사용가치
12	신효중 외(2000), 전철현(2002)	1	새만금 지구	총가치
13	박정근(2000)	1	새만금 지구	사용가치
14	생태경제연구회(2000)	1	새만금 지구	사용가치
15	해양수산부(2000b), 표회동 외(2001)	1	영산강 Ⅳ단계 지구	총가치
16	채동렬(2001)	1	안면도	총가치
17	표희동(2001)	1	영산강 Ⅳ단계 지구	사용가치
18	해양수산부(2001)	2	선재도/송도	사용가치
19	환경부(2001), 곽승준 외(2002)	1	우포늪	총가치
20	김충실 외(2002)	1	함평만	총가치
21	해양수산부(2004), 곽승준 외(2005), 곽승준 외(2006)	2	송지호 / 한강하구	총가치
22	노백호 외(2006), 유승훈(2007)	2	섬진강 하구 / 낙동강 하구	총가치
23	환경부(2007)	1	질날늪	총가치
24	신영철(2008)	6	금강습지/낙동강하구습지/산들늪습지/우포습지/장항습지/화진포습지	총가치
	합계	35		

안소은·노백호(2007)에서는 Brander et al.(2003)의 분류기준을 참고로 하여 습지의 생태적·경제적 기능, 가치유형, 이용가능한 추정기법을 다음 <표 6-5>과 같이 구분하였다.

〈표 6-5〉 습지의 생태적·경제적 기능, 가치유형, 가치추정기법

생태적 기능	경제적 기능	가치 유형	추정기법
홍수 및 유량 조절	홍수 조절	간접사용가치	RCM, MPM, OCM
폭풍완충	폭풍 방지	간접사용가치	RCM, PFA
침전물 보유	폭풍 방지	간접사용가치	RCM, PFA
지하수 충전 및 유출	수자원 공급	간접사용가치	RCM, PFA/NFA
수질유지, 영양염류 보유	수질정화 폐기물 처리	간접사용가치 간접사용가치	CVM RCM
생물 서식처 및 양육공간	수산물생산 / 수확 레저낚시 자연생물 채취	직접사용가치 직접사용가치 직접사용가치	MPM/NFI TCM/CVM MPM
생물다양성	미래의 잠재적 사용 종의 존재에 대한 인지	선택가치 비사용가치	CVM/CE CVM/CE
미기후 안정	기후 조절	간접사용가치	PFA
탄소 고정	지구온난화 악화	간접사용가치	RCM
자연환경 제공	심미적 기능 휴양 활동 문화·유산으로서 유일성에 대한 감상	직접사용가치 직접사용가치 비사용가치	HPM/CVM / CE CVM/CE / TCM CVM / CE

주: RCM(대체비용법), MPM(시장가격법), OCM(기회비용법), PFA(생산함수접근법), CVM(조건부가치측정법), HPM(헤도닉가격법), NFI(순요소소득법), TCM(여행비용법); 기능별로 가장 일반적으로 사용되는 기법을 중심으로 정리하였으며 다른 기법의 적용이 불가능하다는 의미는 아니다. 실질적으로 임의가치법은 습지의 모든 기능의 가치추정에 사용될 수 있는 기법이다.
자료: 안소은·노백호(2007)이 Brander et al.(2003)에서 재구성한 것 일부 수정 인용

안소은·노백호(2007)의 연구에서는 습지 서비스 기능을 사용가치와 비사용가치로 대별하고, 전자에는 직접 및 간접 사용가치를 그리고 후자에는 선택, 유산, 존재가치를 포함시켜 구분하였다.

다음으로는 수집된 연구를 분석하여 위의 분류기준을 적용, 재분류하였다. 특히 몇몇 연구(예: 신효중 외, 2000; 표희동 외, 2001; 해

양수산부, 2004)에서는 보존가치라는 개념을 사용하여 가치 추정치를 도출하였는데, 이들의 보존가치는 선택, 유산, 존재가치를 포괄하는 비사용가치에 해당한다. 최종적으로 본 연구는 습지의 서비스 기능을 수산물생산 기능, 상업 어류 및 기타 생물의 서식지 제공기능, 심미·휴양 기능, 수질정화 기능, 대기정화 기능, 재해방지 기능, 그리고 비사용적 기능으로 세분하였다. 수산물생산 기능, 상업 어류 및 기타 생물의 서식지 기능, 심미·휴양 기능은 직접사용가치에, 수질정화 기능, 대기정화 기능, 재해방지 기능은 간접사용가치에, 그리고 비사용적 기능은 선택, 유산, 존재가치를 포괄하는 비사용가치에 해당한다.

본 연구에서는 국내 기존 자료의 제약성을 고려하여 직접이든 간접이든 사용가치 범주에 해당하는 습지의 사용가치를 한 범주로 하고, 습지의 사용가치 및 비사용가치를 포함하는 습지의 총가치를 다른 범주로 분류하였다.

안소은·노백호(2007)의 연구에서는 각 연구마다 다양한 습지가치 추정치의 표준화를 위해서 추정치를 습지 단위면적당 연간 가치(원/ha; 2005년 불변가격)로 조정하였다. 그러나 본 연구에서는 대상 습지별 총가치를 비교 단위로 이용하였다.

특정 대상 습지의 연간 총가치를 편익이전을 통해 추정하고자 하는 경우, 습지 단위면적당 연간 가치보다는 직접적으로 습지의 (연간) 총가치로 접근하는 것이 바람직하다고 판단하였다.

그리고 기존 연구에서 특정 대상 습지에 대한 가치 추정치들은 GDP 디플레이터를 이용하여 2007년 기준으로 불변가격화하여 이용하였다.

2) 가치 추정치 편익이전

앞 절에서 언급된 바와 같이 24개의 국내 습지 가치 추정 연구로부터 35개의 대상 습지별 가치 추정치를 가치 추정치 이전을 위한 기본 자료로 이용한다.

점 추정치 이전의 경우 알고자 하는 정책 대상(policy site) 습지와 기존 연구 대상(study site) 습지가 유사한 성격을 가지고 있을 때, 특정 연구의 추정치를 직접 이전할 수 있다. 그러나 현실적으로는 동일한 또는 아주 유사한 성격의 습지를 측정한 연구가 있다고 보기에는 어려운 경우가 대부분이기 때문에, 기존 연구의 평균치를 이전하는 방법이 선호될 수 있다. 그러므로 여기서는 평균치라는 점 추정치 이전을 몇가지 기준에 의해 제시하고자 한다.

우선 특정 대상 습지의 연간 총가치 및 ha당 연간 총가치의 평균을 보면, 습지의 연간 총가치는 1,615억원이고, 습지의 ha당 연간 경제적 가치는 4,326만원 수준이다. 기존 연구에서 가치 평가 대상이 된 습지의 평균 면적은 10,931ha 수준이다.

기존 연구에서의 습지와 유사한 습지라고 생각되면, 여기서 제시된 단위값을 이용하여 습지의 가치를 추정하면 가장 단순한 형태의 편익이전을 할 수 있다.

〈표 6-6〉 가치 추정치 이전에 의한 습지의 총가치 및 ha당 가치

	평균값	표준편차	최소값	최대값
습지의 연간 총가치 (백만원)	161,540	238,386	1,860	1,037,225
습지의 면적 (ha)	10,931	14,114	22	74,526
습지의 ha당 연간 가치 (천원)	43,262	66,620	2,902	304,770

한편 내륙 습지의 경우로 한정해서 기존 연구로부터 대상 습지의 연간 총가치 및 ha당 연간 경제적 가치의 평균값을 도출하면, 12개 연구 추정치로부터 내륙 습지의 연간 총가치는 480억원, ha당 연간 경제적 가치는 9,811만원 수준이다. 또한 평균 습지의 면적은 2,647 ha이다. 마찬가지로 기존 연구의 대상 습지와 유사한 내륙 습지를 평가하고자 한다면, 이 단위값들을 이용하면 단순한 편익이전을 수행할 수 있다.

〈표 6-7〉 가치 추정치 이전에 의한 내륙 습지의 총가치 및 ha당 가치

	평균값	표준편차	최소값	최대값
습지의 총가치 (백만원)	48,032	31,014	1,859	117,722
습지의 면적 (ha)	2,647	5,613	22	18,431
습지의 ha당 가치 (천원)	98,114	90,625	3,894	3,047,697

기존 연구에서는 습지의 가치를 습지의 사용가치에 한정한 추정치가 18개이며 총가치 관점에서의 습지 가치 추정치가 17개이다. 습지의 가치 유형별 관점에서 습지의 연간 총가치 및 ha당 연간 경

제적 가치를 구하면 다음과 같다.

습지의 사용가치 측면에서 대상 습지의 연간 총가치는 1,861억 원이고, ha당 습지의 연간 경제적 가치는 1,088만원 수준이다.

한편 습지의 총가치 측면에서 대상 습지의 연간 총가치는 1,356억원으로 사용가치 측면에서 파악한 연간 총가치보다 작게 나타난다. 그러나 ha당 습지의 연간 경제적 가치의 측면에서 보면 7,755만원으로 사용가치 측면에서 도출된 가치의 약 7배 수준이다. 이는 대상이 된 습지의 면적이 사용가치 측면을 대상으로 한 기존 연구의 경우에 16,063 ha인 반면, 습지의 총가치를 대상으로 한 경우는 5,497 ha로 약 1/3 수준이었기 때문이다.

〈표 6-8〉 가치 추정치 이전에 의한 가치 유형별 습지의 총가치 및 **ha**당 가치

가치 유형	분 류	평균값	표준편차	최소값	최대값
습지의 사용가치	습지의 총가치 (백만원)	186,084	254,969	10,450	1,037,225
	습지의 면적 (ha)	16,063	16,977	2,090	74,526
	습지의 ha당 가치 (천원)	10,877	9,408	3,058	37,044
습지의 총가치	습지의 총가치 (백만원)	135,552	224,258	1,859	878,271
	습지의 면적 (ha)	5,497	7,489	22	21,690
	습지의 ha당 가치 (천원)	77,552	83,115	2,902	304,770

2. 메타회귀분석 적용사례: 습지의 가치

습지의 경제적 가치추정 연구에 대한 메타회귀분석 사례연구로는 Brouwer et al.(1999), Woodward and Wui(2001), Brander et al.(2003) 등이 있다.

Brouwer(1999)는 북미 대륙과 유럽의 습지를 대상으로 한 30여 개의 조건부가치측정법 연구를 수집하고, 메타회귀분석을 통하여 습지기능과 조건부 가치측정법의 세부기법들이 가치추정치에 미치는 영향을 분석하였다.

Woodward and Wui(2001)는 39 습지가치 추정연구를 대상으로 메타회귀분석을 실시, 분석에 사용된 추정기법의 차이가 가치 추정치 내 편이를 설명하고 있음을 밝혀내었다.

Brander et al. (2003)는 한 걸음 더 나아가 전 세계를 대상으로 습지 가치추정 연구를 수집하고, 기후대별로 습지를 구분한 후 메타회귀분석을 실시하였다. 분석에 사용된 습지 가치추정연구는 190개에 달하며, 개별 추정치는 215개에 해당한다.

습지를 대상으로 한 메타회귀모형의 경우, 모형의 종속변수는 습지의 총가치, 습지의 단위면적당 지불의사액(WTP / ha) 또는 1인당 지불의사액(WTP / person) 등이 될 수 있으며 설명변수는 사용된 가치추정기법, 습지의 유형, 습지의 면적, 추정대상이 된 습지의 기능, 발표연도 등이 될 수 있다. 따라서 메타회귀분석은 특정기법의 선택, 연구의 디자인, 데이터의 특성 등이 요약 통계량에 미치는 영향을 정량화할 수 있으며, 기존의 연구결과(요약통계량)간의 차이가 어디서 오는지 그 원인도 통계적으로 규명할 수 있는 장점이 있다.

그러나 메타회귀분석은 장점과 함께 단점도 가지고 있다. 메타분석의 단점으로 지적되는 것으로는 어떤 형식으로든지 공식적으로 발표된 연구만이 분석에 포함되는 데서 오는 선택편이의 존재 가능성, 서로 비교할 수 없는 다른 성질의 연구결과가 분석에 포함될 수 있는 데서 오는 이질성 문제, 통계적 기법에 너무 의존하기 때문에 분석자체가 연구의 수(quantity)를 연구의 질(quality) 보다 더 중요하게 여기게 된다는 점 등을 들 수 있다(Desvousges et al., 1998).

1) 모형 선정[54]

본 연구에서 메타회귀분석은 종속변수를 대상 습지의 연간 총가치로 하고 설명변수를 대상 습지의 유형 및 속성으로 설정하여 회귀분석을 하고자 하므로, 다음과 같은 전통적인 선형회귀모형을 우선 고려할 수 있다.

$$y_t = \alpha + \beta' X_t + \epsilon_t \qquad\qquad t = 1, \cdots, T \qquad\qquad (6.1)$$

여기서 t는 관측치, y는 종속변수(대상 습지의 연간 총가치), α와 β는 추정될 모수로서 각각 상수항과 독립변수들의 계수값이다. X는 독립변수 벡터로서 대상 습지의 유형 및 특성 변수가 포함되며, ε는 오차항이다.

만약 (6.1)이 선형회귀모형에 대한 전통적인 기본가정을 만족하고 있다고 가정하면, 최소자승법(Ordinary Least Squares; OLS)을 사

---

54) 안소은·노백호(2007), 35~38쪽 발췌·인용함.

용하여 모형(1)을 추정할 수 있으며, 최소자승법에 의한 추정량은 BLUE(the Best Linear Unbiased Estimator)이다.

그러나 선행연구에 의하면 대부분의 메타분석의 경우, 최소자승법을 사용하여 모형(6.1)을 추정하는 것은 적합하지 않다는 것이 지적되어 왔는데, 이는 동일한 연구로부터 다수의 관측치를 추출함으로써 발생되는 데이터의 복잡한 구조 때문이다. 즉, 동일한 연구로부터 도출된 관측치들은 그 특정 연구만이 갖는 고유한 특성을 공유하게 되기 때문에 오차항에 대한 동분산(homoscedasticity) 가정에 위배될 확률이 높다는 것이다. 따라서 이러한 경우 데이터는 패널 데이터와 유사한 구조를 갖게 되며, 특히 각각의 선행연구로부터 추출된 관측치의 개수가 동일하지 않을 경우(대부분의 경우에 해당함), 불균형 패널 데이터(unbalanced panel data)의 성격을 띠게 된다.

따라서 모형(6.1)의 대안으로서는 패널 데이터 분석에 일반적으로 사용되는 고정효과모형(fixed effect model)과 확률효과모형(random effect model)을 생각해 볼 수 있다. 먼저 고정효과모형은 동일한 연구 내의 관측치들이 공유하는 변이를 구조적 차이로 가정하고 각 연구에 더미변수를 부여한 모형로서, (6.2)와 같이 나타낼 수 있으며, 오차항의 기대값과 분산은 아래와 같다.

$$y_{ij} = \alpha_i + \beta' X_{ij} + \epsilon_{ij}$$

$$E[\epsilon_{ij}] = 0, \quad Var[\epsilon_{ij}] = \sigma_\epsilon^2 \tag{6.2}$$

여기서 i는 개별선행연구를, j는 특정 선행연구 i에서 도출된 관측치를 나타내는 첨자이다.

αi는 각 선행연구에 부여된 상수항을 의미한다. 따라서 고정효과모형은 전통적인 선형회귀모형로서, (6.1)과의 차이점은 전체 상수항이 아닌 각 선행연구별로 더미변수를 설정한다는 것이며, 최소자승법을 사용하여 추정할 수 있다. 그러나 고정효과모형은 연구마다 더미변수를 부여하기 때문에 연구의 수가 많을 경우 상당량의 자유도를 잃게 되어 실질적인 적용이 제한적일 수 있는 단점을 가지고 있다.

반면 확률효과모형은 관측치의 모분포(mother distribution)가 존재한다는 가정하에, 개개의 선행연구를 이 모분포로부터의 임의추출로 간주한다(Desvousges et al., 1998). 즉, 확률효과모형은 동일한 연구 내의 관측치들이 공유하는 변이를 확률변수로 가정한다고 볼 수 있으며, (6.3)에서와 같이 전체 오차항은 개별 관측치와 관련된 오차(ϵ_{ij})와 관측치가 도출된 특정 연구와 관련된 오차(u_i)의 합이 된다.

$$y_{ij} = \alpha + \beta' X_{ij} + \epsilon_{ij} + u_i$$

$$E[u_i] = 0, \quad Var[u_i] = \sigma_u^2 \tag{6.3}$$

$$Var[\epsilon_{ij} + u_i] = \sigma_\epsilon^2 + \sigma_u^2, \quad Cov[\epsilon_{ij}, u_i] = 0$$

모형(6.3)의 효율적 추정법은 GLS(Generalized Least Squares)이다. 고정효과모형과는 달리 확률효과모형은 (6.1)과 비교하여 추정해야 할 모수가 한 개 추가되는 셈이므로 자유도 상실과 관련된 문제는 피할 수 있다.

<표 6-4>의 선행연구 요약에서 알 수 있듯이 본 연구에서도

동일한 연구에서 다수의 관측치가 도출되었기 때문에, 위에서 언급한 동일한 연구 내의 관측치들이 공유하는 특정 연구관련 변이가 존재한다고 예상된다. 따라서 이론적인 측면에서 실증분석을 위한 모형은 전통적인 선형회귀모형보다는 고정효과모형이나 확률효과모형이 더 적합하다고 볼 수 있다. 그런데 본 연구에서는 상대적으로 적은 표본크기와 많은 선행연구로 인하여 고정효과모형은 실질적으로 적용이 어렵다. 따라서 실증분석을 위한 모형은 (6.1)과 (6.3) 중의 하나를 선택하는 것으로 좁혀질 수 있다.

모형(6.1)과 모형(6.3) 중 어떤 모형을 선택할 것인가는 위에서 언급한 이분산의 존재와 성격을 파악하는 것에 의존한다고 볼 수 있다. 즉, 모형(6.3)에서 동일한 연구 내의 관측치들이 공유하는 변이가 실제로 존재하는 지에 대한 가설검정을 실시할 필요가 있으며, 해당 귀무가설은: $2\ 00 = u\ H\ \sigma$ 이다. 귀무가설이 기각되지 못하면, 확률효과모형은 관측치간의 동분산을 가정하는 선형회귀모형(6.1)보다 통계적으로 더 나은 모형이라 볼 수 없다. 본 연구에서는 우선 모형에 포함될 독립변수를 선정한 후, Lagrange Multiplier 통계량을 사용하여 특정 연구관련 변이의 존재여부를 검정하며, 동시에 Breusch – Pagan 검정을 실시하여 일반적인 이분산(개별 관측치간 이분산)의 존재여부를 확인한 후, 최종적인 실증분석 모형을 선정하기로 하였다.

2) 추정 모형

본 연구에서는 새로운 대상 습지가 있을 경우 편익이전을 하기 위한 메타회귀분석모형을 하고자 한다. 그러므로 이 회귀분석의 종속변수는 습지의 연간 총가치로 설정하였고, 독립변수에는 연구의 특성과 관련된 변수들은 제외하고 습지의 특성과 관련된 변수만을 포함한다. 왜냐하면 메타회귀분석을 통해 편익이전을 하는 것이 연구의 주요 목적이기 때문에 연구 특성 변수를 고려하지 않는 것이 바람직하기 때문이다. 편익이전을 목적으로 하는 메타회귀방정식의 추정은 기본적으로 대상 습지의 경우 대상 습지의 진정한 가치가 있기 때문에 연구 특성에 따라 영향을 받는다고 보지 않는다. 따라서 편익이전을 목적으로 하는 메타회귀방정식의 설명변수에 기존 연구 특성 변수들을 포함하지 않는 것이 필요하다.

메타회귀분석을 위해 설명변수에는 습지의 유형과 더불어 습지의 속성들이 있다. 습지의 유형은 연안 습지와 내륙 습지로만 구분하였다. 고려한 습지의 속성에는 가치 범주(사용가치 / 총가치), 습지의 면적, 멸종위기종 수, 일반 생물종 수, 주요 철새 도래지 여부, 습지보호지역 지정 여부로 하였다.

기존 연구의 대상 습지별 멸종위기종 수, 일반 생물종 수에 대해서는 동일한 기준을 적용할 필요가 있기 때문에, 환경부·국립환경과학원(2004)의 『99-04년 겨울철 조류 동시 센서스 종합보고서』의 정보를 이용하였다. 대상 습지에 대한 조사가 존재하는 경우에는 5년 동안의 평균 멸종위기종 수와 평균 생물종 수를 적용하였다. 그런데 조류에 대한 조사 결과이다 보니, 멸종위기종 및 일반 생물종이 모두 겨울철 조류에 한정되었다.

비록 겨울철 조류에 한정되어 대상 습지별 멸종위기종 수 및 일반 생물종 수를 자료화하였다 하더라도, 동일한 기준에 의해 작성되었다는 장점을 가지고 있다. 또한 조류에 한정된 대상 습지의 조류를 포함한 멸종위기종 수 및 일반 생물종 수와 높은 상관성을 갖고 있을 것으로 생각되어 대상 습지의 멸종위기종 및 일반 생물종 수준을 나타내 주는 대리변수의 역할을 한다고 볼 수 있다.

환경부·국립환경과학원(2004)의 자료에서 조사되지 않은 대상 습지에 대해서는 가장 가까이 있는 조사된 지역의 정보를 적용하였다.

본 연구에서는 편익이전할 때 중요한 습지 유형 및 특성 변수들을 포함하는 방식으로 메타회귀분석 모형의 설명변수를 결정하여, 모형의 통계적 유의성보다는 이론적 적합성에 비중을 두었다. 메타회귀분석 모형에 포함되는 설명변수들은 <표 6-9>에 제시되고 있다.

〈표 6-9〉 메타회귀분석 모형에 이용된 변수 요약

범 주		변 수	성 격	내 용	비 고
종속변수		ln TV	정량변수	대상 습지의 연간 종가치(로그값)	단위: 원 (2007년 불변가격)
설명 변수	습지 유형	TYPE	더미변수	대상습지가 해안습지인지 여부	해안습지＝1 / 내륙습지＝0
	습지 특성	VTYPE	더미변수	평가 가치 범주가 종가치인지 여부	총가치＝1 / 사용가치＝0
		SIZE	정량변수	습지의 면적	단위: ha
		ENDS	정량변수	멸종위기종 수(동계 조류)	단위: 종
		NOSP	정량변수	일반생물종 수(동계 조류)	단위: 종
		MIGB	더미변수	주요 철새 도래지 여부	주요 철새 도래지＝1 / 그 외＝0
		WCON	더미변수	습지보호지역 지정 여부	습지보호지역＝1 / 그 외＝0

<표 6-9>에 포함된 변수를 독립변수로 하여 모형(1)과 모형(3)을 대상으로 각각 이분산의 존재에 대한 검증을 실시하였다. 먼저

모형(1)에 대한 Breusch – Pagan 검정 통계량은 6.85이며 자유도는 7이기에 유의확률이 0.44이기 때문에 귀무가설인 개별 관측치간 동분산 가설은 기각되지 못하였다. Breusch – Pagan 검정 통계량은 X^2 분포를 갖는다. 또한 모형(3)에 대한 Lagrange Multiplier 통계량은 0.00으로써(1 df, p – value = 0.96) 귀무가설인 특정 연구관련 변이(group – wise heteroskedasticity)가 존재하지 않는다는 가설 역시 기각되지 못하였다. 실시된 두 가지 검정 결과를 종합해보면, 국내에서 수행된 습지가치 선행연구의 경우, 데이터의 구조로 인해 예상되었던 연구관련 변이 및 개별 관측치간의 이분산의 존재 모두 최소한 통계적으로는 유의성이 없는 것으로 해석할 수 있다. 결론적으로 OLS로 모형을 추정하여도 큰 무리가 없다고 볼 수 있으나, 본 연구에서는 보다 robust한 추정치를 위하여 White(1980)를 모형 추정에 사용하였다. 이는 개별 관측치들이 이분산성을 갖는 경우에 robust한 공분산행렬을 추정할 수 있게 해 준다. 추정에 사용된 최종 모형은 다음과 같다.

$$\ln TV_t = \alpha + \beta_c' X_{ct} + \beta_s' X_{st} + \epsilon_t \tag{6.4}$$

여기서 ln TV는 대상 습지의 총가치에 자연 로그를 취한 값이며, c 는 습지유형을, s 는 습지특성을 나타내는 첨자이다. 모형(6.4)는 LIMDEP 7.0을 사용하여 추정하였다.

3) 추정 결과

모형(6.4)의 추정결과는 <표 6－10>와 같다. 조정된 R^2 값은 0.42으로써 종속변수 총변이의 42%를 모형이 설명하는 것으로 나타났으며, 대부분의 독립변수(8개 중 6개)가 유의수준 10%에서 통계적으로 유의한 것으로 나타났다.

이러한 점은 종속변수가 로그값의 형태인 반대수(semi－log) 모형에서 독립변수가 연속변수이냐 더미변수이냐에 따라 계수 추정치의 해석이 달라지기 때문이다.

Halvorsen and Palmquist(1980)에 의하면 반대수 모형에서 더미변수의 존재가 종속변수에 미치는 상대효과(relative effect)는 다음과 같이 정의된다.

$$g = \{\exp(b) \ -1\} \qquad \text{여기서, } g = \frac{y_1 - \ y_0}{y_0} \qquad (6.5)$$

여기서 b는 계수 추정치이며, y_1과 y_0는 각각 특정 더미변수가 존재할 때(더미변수의 값이 1일 경우)와 존재하지 않을 때(더미변수의 값이 0일 경우)의 종속변수 값이다. 따라서 g는 특정 더미변수의 존재 여부가 종속변수에 미치는 상대적 효과라 해석할 수 있다.

한편 연속변수인 SIZE(습지 면적), ENDS(멸종위기종 수), NOSP(일반 생물종 수)의 계수 추정치에는 통상적인 반대수 모형에서의 해석 즉, 설명변수의 단위변화가 종속변수에 미치는 % 변화로 해석된다.

한편 설명변수들의 한계효과 종속변수(y)의 평균값에서 평가한 값이다. 한편 더미변수의 경우는 한계효과란 표현이 적절한 것은 아니지만, $y_1 - y_0$에 해당하는 값이다. 즉, 더미변수가 1의 값을 가질 때의 종속변수 값에서 더미변수가 0이었을 때의 종속변수 값을 차감한 값이다. 예를 들어 습지보호지역지정 여부를 나타내는 WCON 변수의 한계효과는 672억원 수준인데, 이는 습지보호지역인 경우의 연간 경제적 가치가 습지보호지역이 아닌 경우에 비해 더 많다고 해석할 수 있다.

〈표 6-10〉 메타회귀분석 모형 추정결과

범 주	변 수	추정치	표준오차	t - 값1)	상대효과2)	한계효과3) (백만원)
상수항		22.02390	0.90144	24.43***	–	–
습지 유형	TYPE	1.65167	0.70550	2.34**	4.21568	100,609
습지 특성	VTYPE	0.91873	0.55534	1.65*	1.50610	68,108
	SIZE	0.00005	0.00002	2.84***	0.00005	3,527
	ENDS	0.03880	0.13601	0.29	0.03880	2,741
	NOSP	0.02475	0.01499	1.65*	0.02475	1,749
	MIGB	0.09397	0.32451	0.29	0.09853	6,545
	WCON	0.75683	0.36236	2.09**	1.13150	67,246
Adjusted R2		0.42				
Breusch - Pagan X2 statistics		6.85(자유도 7)				
관측치의 수		35				

주 1) *, **, ***: 10%, 5%, 1% 수준에서 각각 통계적으로 유의함.
　2) 더미변수의 상대효과 추정치는 Halvorsen and Palmquist(1980)를 사용하여 추정한 값임.
　3) 종속변수의 평균값 수준에서 평가한 한계효과임. 더미변수의 경우는 $y_1 - y_0$의 값임.

먼저 습지 유형과 관련된 계수 추정치는 5% 유의수준에서 통계적으로 유의하고, 양(+)의 부호를 나타내고 있다. 이는 내륙습지보다 해안습지의 총가치가 더 크다는 것을 의미한다. 이는 기존 연구의 대상 습지들의 총가치의 경향이 내륙습지보다는 해안습지가 크게 나타났다는 것을 보여주는 것이다. 해안습지의 경우 내륙습지보다 연간 총가치가 약 1,006억원 정도 더 높다.

대상 습지의 가치 범주를 총가치로 보는지 여부와 관련된 계수 추정치는 10% 유의수준에 통계적으로 유의하고, 양(+)의 부호를 보여준다. 당연한 결과이긴 하지만, 사용가치와 더불어 비사용가치 부분까지 포함하는 총가치 범주로 대상 습지의 가치를 측정할 때가 대상 습지의 사용가치 범주만을 고려하는 경우보다 대상 습지의 가치가 커진다는 것을 의미한다. 사용가치만 고려하는 경우보다 연간 총가치로 접근하는 경우 대상 습지의 가치는 약 681억원 정도 상승한다.

대상 습지의 면적이 1ha 증가하면, 습지의 연간 총가치는 353만원 정도 증가한다. 대상 습지의 면적(SIZE)의 계수 추정치는 유의수준 1%에서 통계적으로 유의하다.

일반 생물종 수(NOSP) 1종이 증가할 때마다 약 17억원씩 대상 습지의 가치가 증가한다. 일반 생물종 수(NOSP) 변수의 계수추정치는 유의수준 10% 수준에서 통계적으로 유의하다.

습지보호지역으로 지정된 경우는 습지보호지역으로 지정되지 않은 경우에 비해 대상 습지의 연간 총가치가 약 672억원 정도 증가한다. 습지보호지역 지정 더미 변수(WCON)의 계수추정치는 5% 유의수준에서 통계적으로 유의하다.

한편 멸종위기종 수 변수(ENDS)와 주요 철새 도래지 지정 여부 변수(MIGB)의 계수추정치는 10% 유의수준에서 통계적으로 유의하

지 않지만, 부호는 양(+)의 부호로 나타난다. 이는 멸종위기종 수
가 증가하는 경우 대상 습지의 총가치가 증가하는 경향이 있고, 주
요 철새 도래지인 경우 그렇지 않은 경우에 비해 대상 습지의 연간
총가치가 높아진다는 것을 의미한다.

본 연구의 대상인 금강습지, 낙동강하구습지, 산들늪습지, 우포습지,
장항습지, 화진포습지의 습지 유형 및 습지 특성을 다음 <표 6-
11>에 제시되어 있다. 앞서 추정된 메타회귀분석 모형을 이용하여
편익이전을 하기 위해서는, 모형에 포함된 설명변수들에 해당하는
대상 습지의 값을 얻을 수 있어야 한다. 본 연구의 대상 습지들은
모두 내륙습지이며 연간 총가치를 추정하고자 한다.

금강습지의 면적은 150ha이다. 환경부·국립환경과학원(2004) 자
료에 따르면, 멸종 위기 겨울 조류의 수는 없으며 겨울 조류 종수는
29종이다. 주요 철새 도래지이지만 습지보호지역으로 지정되어 있
지는 않다.

낙동강하구습지의 면적은 3,420ha이다. 환경부·국립환경과학원
(2004) 자료에 따르면, 멸종 위기 겨울 조류는 3종이며 겨울 조류 종수
는 51종이다. 주요 철새 도래지이고 습지보호지역으로 지정되어 있다.

산들늪습지의 면적은 3,420ha이다. 환경부·국립환경과학원(2004)
자료에 따르면, 멸종 위기 겨울 조류는 1종이며 겨울 조류 종수는 9종
이다. 주요 철새 도래지는 아니지만 습지보호지역으로 지정되어 있다.

우포습지의 면적은 854ha이다. 환경부·국립환경과학원(2004) 자
료에 따르면, 멸종 위기 겨울 조류는 2종이며 겨울 조류 종수는 29
종이다. 주요 철새 도래지이고 습지보호지역으로 지정되어 있다.

장항습지의 면적은 270ha이다. 환경부·국립환경과학원(2004) 자

료에 따르면, 멸종 위기 겨울 조류는 1종이며 겨울 조류 종수는 18종이다. 주요 철새 도래지이고 습지보호지역으로 지정되어 있다.

화진포습지의 면적은 240ha이다. 환경부·국립환경과학원(2004) 자료에 따르면, 멸종 위기 겨울 조류는 2종이며 겨울 조류 종수는 15종이다. 주요 철새 도래지이지만 습지보호지역으로 지정되어 있지는 않다.

〈표 6-11〉 주요 습지별 속성

속 성	금강습지	낙동강습지	산들늪습지	우포습지	장항습지	화진포습지
습지 유형 (연안 / 내륙)	내륙	내륙	내륙	내륙	내륙	내륙
가치범주 (사용가치 / 총가치)	총가치	총가치	총가치	총가치	총가치	총가치
면적 (ha)	150	3420	58	854	270	240
멸종위기 겨울 조류 수(종)	0	3	1	2	1	2
겨울 조류 종수(종)	29	51	9	29	18	15
주요 철새 도래지 여부	○	○	×	○	○	○
습지보호지역 여부	×	○	○	○	○	×

추정된 메타회귀분석 모형의 추정 결과에서 도출된 설명변수의 한계효과와 6개 대상 습지의 유형 및 특성들의 값을 고려하면, 대상 습지 유형 및 특성의 연간 경제적 가치와 더불어 그 합으로 대상 습지의 총가치를 추정할 수 있다. 낙동강하구습지의 연간 총가치가 2,551억원으로 가장 높고, 우포습지 2,048억원, 장항습지 1,807억원, 산들늪습지 1,577억원, 금강습지 1,296억원, 화진포습지 1,109억원 순이다.(<그림 6-2> 및 <표 6-12> 참조)

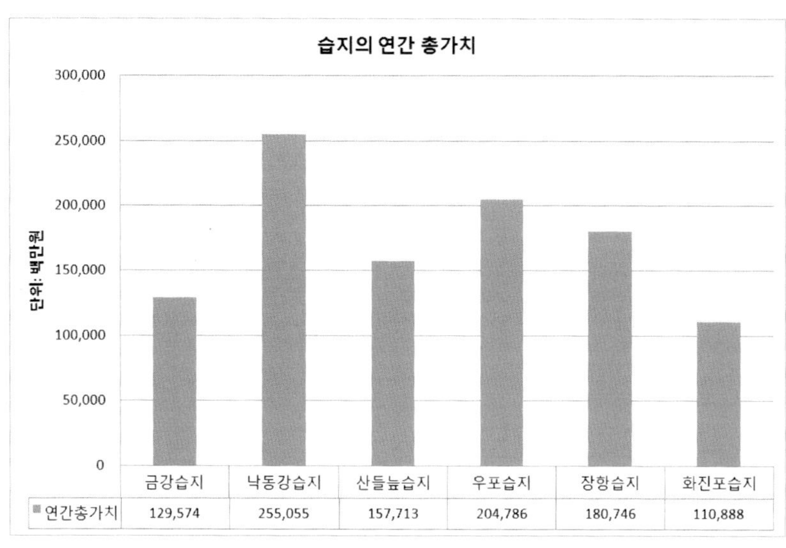

〈그림 6-2〉 주요 습지의 연간 경제적 가치

〈표 6-12〉 주요 습지의 연간 경제적 가치 산정

	금강습지	낙동강습지	산들늪습지	우포습지	장항습지	화진포습지
상수항(기본)	3,672	3,672	3,672	3,672	3,672	3,672
습지 유형 (연안/내륙)	0	0	0	0	0	0
가치범주 (사용가치/총가치)	68,108	68,108	68,108	68,108	68,108	68,108
면적 (ha)	529	12,061	205	3,012	952	846
멸종위기 겨울 조류 수(종)	0	8,224	2,741	5,483	2,741	5,483
겨울 조류 종수(종)	50,721	89,199	15,741	50,721	31,482	26,235
주요 철새 도래지 여부	6,545	6,545	0	6,545	6,545	6,545
습지보호지역 여부	0	67,246	67,246	67,246	67,246	0
연간총가치 (백만원)	129,574	255,055	157,713	204,786	180,746	110,888

한편 도출된 대상 습지의 총가치의 95% 신뢰구간을 구하기 위하여 Krinsky and Robb(1986)이 제안한 몬테칼로 시뮬레이션 기법을 이용하여 계산하였으며, 난수발생의 횟수는 5,000회로 하였다. 그리고 신뢰구간으로부터 t값을 계산하였다. 그 결과는 다음 <표 6-13>에 제시되어 있다.

금강습지의 연간 총가치는 1,296억원인데, 95% 신뢰구간은 467억원~3,535억원 수준이다. 그리고 급강습지의 연간 총가치에 대한 t값은 1.66으로 유의수준 10%에서 통계적으로 유의하다.

낙동강하구습지의 연간 총가치는 2,551억원인데, 95% 신뢰구간은 1,075억원~5,555억원 수준이다. 그리고 낙동강하구습지의 연간 총가치에 대한 t값은 1.66으로 유의수준 10%에서 통계적으로 유의하다.

산들늪습지의 연간 총가치는 1,577억원인데, 95% 신뢰구간은 570억원~4,269억원 수준이다. 그리고 산들늪습지의 연간 총가치에 대한 t값은 1.67로 유의수준 10%에서 통계적으로 유의하다.

우포습지의 연간 총가치는 2,048억원인데, 95% 신뢰구간은 837억원~4,876억원 수준이다. 그리고 우포습지의 연간 총가치에 대한 t값은 1.99로 유의수준 5%에서 통계적으로 유의하다.

장항습지의 연간 총가치는 1,807억원인데, 95% 신뢰구간은 708억원~4,566억원 수준이다. 그리고 장항습지의 연간 총가치에 대한 t값은 1.84로 유의수준 10%에서 통계적으로 유의하다.

화진포습지의 연간 총가치는 1,109억원인데, 95% 신뢰구간은 259억원~3,430억원 수준이다. 그리고 화진포습지의 연간 총가치에 대한 t값은 1.37으로 유의수준 10%에서 통계적으로 유의하지 않다.

〈표 6-13〉 주요 습지의 연간 경제적 가치의 **95%** 신뢰구간

	금강습지	낙동강습지	산들늪습지	우포습지	장항습지	화진포습지
연간 총가치 (백만원)	129,574	255,055	157,713	204,786	180,746	110,888
95% 하한값 (백만원)	46,686	107,479	57,039	83,715	70,812	25,884
95% 상한값 (백만원)	353,471	555,499	426,939	487,563	456,577	342,976
t-값	1.66	2.23	1.67	1.99	1.84	1.37

참고문헌

국내문헌

강만옥 외, 「우리나라 주요 습지의 경제적 가치 평가 연구」, UNDP /
    GEF 국가습지보전사업관리단, 2008.
건설교통부·수자원공사, 「물관리 정보 표준화 기본전략 용역 보고서」,
    2002.
과학기술처, 「생물다양성의 국가적 비용-편익분석을 통한 국가 정책방
    안 수립」, 1996
곽승준, 전영섭, 「환경의 경제적 가치」, 학현사, 서울, 1995.
곽승준, 유승훈, "석호환경의 보존가치 추정: 송지호를 중심으로" Ocean
    and Polar Research 27(2), 2005, pp.161 – 169.
곽승준, 유승훈, 이충기, "조건부가치측정법을 이용한 우포늪의 보존가
    치 추정" 「국제경제연구」8(3), 2002, pp.203 – 225.
곽승준, 유승훈, 장정인, "컨조인트 분석을 이용한 하구환경의 가치추정:
    한강하구를 중심으로" 「경제학연구」54(4), 2006, pp.141 – 161.
구본학, 「습지 유형 분류 및 도면화 방법에 관한 연구」 서울대학교 대
    학원 박사학위 논문, 2002.
구본학, 김귀곤, "우리나라의 습지 유형 분류 연구: DMZ, 한강수변구역
    내 습지를 중심으로" 「한국환경복원녹화기술학회지」, 2001, pp.72
    – 77.
국립산림과학원, 「산림의 공익기능 계량화 연구」, 2007.
권오상, 「환경경제학」, 박영사, 1999.
김도영, "환경개선의 편익에 관한 실증분석," 서강대학교 석사학위 논
    문, 1992.
김일중 외, 「환경정책의 비용/편익분석 지침서」, 환경부, 2003.
김종원, "주택가격에 내재된 대기질의 가격측정: 공간계량경제모형을
    이용한 접근" 「자원경제학회지」, 제7권 제1호, 1997, pp.61 – 86.
김충실, 이상호, "다중범위 이산선택 CVM기법에 의한 갯벌의 가치평

가”「농촌경제」25(4), 2002, pp.31 – 44.

남정자 외, 「98 국민건강·영양조사 총괄보고서」, 보건복지부, 1999a.

남정자 외, 「98 국민건강·영양조사 건강면접조사」, 보건복지부, 1999b.

노백호 외, 「지속가능한 하구역 관리방안 연구(3)」한국환경정책·평가 연구원, 2006.

농림부, 「영산강 IV단계 개발사업타당성조사」, 한국산업경제연구원, 1998.

농어촌진흥공사·농어촌연구원, 「간척지 개발과 갯벌생태의 경제성 비 교분석 연구」, 1999a.

농어촌진흥공사, 세종대학교 세종연구원, 「갯벌과 간척농지의 경제적 가치 비교」, 1999b.

대우경제연구소, 「한국 가구 경제활동 연구」, 1994.

박정근, 「새만금 갯벌의 수산물 생산가치 추정」 새만금사업 환경영향공 동조사 결과보고서(경제성 분야)의 일부. 새만금사업 환경영향 공동조사단. 2000, pp.231 – 246.

박정임·신영철 외, 「환경오염저감정책의 건강편익산정 모형확립 및 적 용연구」, 환경부, 2007.

박태윤, 이동근, 「연안습지의 보전 및 효율적 이용방안에 관한 연구」 한국환경정책·평가연구원 연구보고서, 1997.

박현 외, 「문화시설의 가치추정 연구」, 한국개발연구원, 2004.

박현·신영철 외, 「부산 국립해양박물관 건립사업」, 2005년 예비타당성 조사 보고서, 한국개발연구원, 2006.

보건복지부·한국보건사회연구원, 「2001년도 국민건강·영양조사: 보 건의식행태편」, 2002.

산림청 임업연구원, 「산림의 공익적 기능의 계량화 연구」, 과학기술처, 1991.

새만금사업 환경영향 공동조사단, 「새만금사업 환경영향공동조사 결과 보고서(경제성 분야)」, 2000.

생태경제연구회, 「새만금사업 환경영향공동조사단의 “새만금사업 환경 영향공동조사 결과보고서”에 대한 재검토보고서(경제성 평가분 야)」, 2000.

서울특별시·서울시정개발연구원, 「청계천복원 타당성 조사 및 기본계획」, 2003.

신영철, "이중 양분선택형 질문 CVM을 이용한 한강 수질개선 편익 측정"「환경경제연구」, 제6권 1호, 1997, pp.171 - 192.

신영철, "단일 양분선택형 질문 CVM을 이용한 한강 수질개선 편익 측정",「공공경제」, 제2권, 1997.

신영철, "이중 양분선택형 질문 CV 자료에서의 정박효과 검토"「자원경제학회지」, 제8권 제1호, 1998, pp.51 - 73.

신영철,「환경문제의 경제학적 이해」, 대진대학교 출판부, 1999.

신영철, "대기오염으로 인한 건강효과의 경제적 비용",「자원·환경경제연구」, 제12권 4호, 2002.

신영철,「환경자원의 조건부가치 측정」, 한국학술정보(주), 2003.

신영철, "Estimating Values of Statistical Lives using Choice Experiment Method",「자원·환경경제연구」, Vol. 16(3), 2007.

신영철, "선택실험법에 의한 우리나라 주요 습지의 가치 추정", 한국환경경제학회 하계학술대회 발표논문집, 2009.

신영철·조승헌, "미래의 사망가능성 감소에 대한 지불의사금액과 통계적 인간생명의 가치 측정"「자원·환경경제연구」, Vol. 12, 2003, pp.49 - 74.

신효중, 이정전,「갯벌의 경제적 가치」새만금사업 환경영향공동조사 결과보고서(경제성 분야)의 일부. 새만금사업 환경영향 공동조사단, 2000, pp.275 - 305.

심기섭, "조건부가치측정법을 이용한 항만개발의 환경비용 추정"「해양수산」226, 2003, pp.5 - 17.

안소은, "우리나라 습지의 환경적 가치: 메타회귀분석"「자원·환경경제연구」16(1), 2007, pp.65 - 98.

안소은·노백호,「편익이전 기법을 이용한 습지 가치추정 - 메타회귀분석을 중심으로 - 」, 2006.

엄영숙, "확률효용접근법을 통한 소비자들의 건강위험정보에 대한 반응분석: 간장파동을 사례로"「경제학 연구」, Vol. 44(4), 1996, pp.3 - 26.

엄영숙, "자기보호행동을 통한 인간생명 가치의 추정: 안전벨트 착용을 사례로,"「환경경제연구」, Vol. 6, 1997, pp.107 - 130.

엄영숙, "대기오염이 건강에 미치는 영향에 대한 가치평가: 회피행위접근법을 사용하여"「환경경제연구」, Vol. 7, 1998, pp.1 - 23.

유병국. 1998. "환경가치의 지역적 평가 - 강화도 남단 갯벌에 대한 여가가치 추정"「한국지역개발학회지」10(3): pp.19 - 38.

유승훈, "섬진강 하구의 환경가치 추정"「환경정책연구」6(2), 2007, pp.1 - 26.

윤여창·김성일, "산림자원의 휴양가치 산출을 위한 경제적평가방법론 비교연구"「환경경제연구」, 제1권 1호, 1992, pp.155 - 183.

이광석, "농촌방문의 경제적 편익 추정 - 여행비용법의 응용,"「농업경제연구」, 제37집, 1996, pp.147 - 159.

이대영,「인천연안 갯벌의 현황과 보전방안」인천발전연구원, 1999.

이동근, 윤소원, "연안습지의 보전가치에 대한 경제성 평가에 관한 연구 - 강화도를 사례지역으로"「산업과학연구」7, 1997, pp.141 - 154.

이상식,「치수경제성분석과 폐천부지의 습지활용에 대한 가치평가」공주대학교 석사 학위논문, 2002.

이성태·이명헌, "대구 팔공산 공원의 편익가치측정 - 여행비용접근법을 통하여 - ,"「환경경제연구」, 제7권 2호, 1999, 211 - 228.

이준구·신영철, "그린벨트의 경제적 가치 측정"「자원·환경경제연구」, 제9권 4호, 2000.

이창희 외,「하구,석호 육해전이수역 통합환경관리방안연구」한국환경·정책평가연구원, 2001.

이창희 외,「하구역 환경보전 전략 및 통합환경관리방안 수립」한국환경정책·평가연구원, 2003.

이창희 외,「지속가능한 하구역 관리방안 연구(1)」한국환경정책·평가연구원, 2004.

이창희 외,「지속가능한 하구역 관리방안 연구(2)」한국환경정책·평가연구원, 2005.

이효혜미,「한국의 습지분류」인하대학교 석사학위논문, 2000.

임영식·전영섭, "헤도닉 가격기법을 이용한 대기질 개선시의 편익추정"「자원경제학회지」, 제3권 제1호, 1993, pp.81 - 105.

장수환,「간척사업의 비용·편익분석에서 갯벌, 강하구 생태계서비스의

경제적 비용에 관한 연구」 서울대학교 환경대학원 석사학위논
문, 1998.

전철현, 「CVM을 통한 새만금 갯벌의 가치와 행태 분석」 강원대학교
석사학위논문, 2002.

정보통신부·한국인터넷진흥원, 「2005년 하반기 정보화 실태조사」, 2006.

채동렬, 「CVM을 이용한 해양환경자원의 가치평가에 관한 연구」 부경
대학교 석사학위논문, 2001.

최미희, 「우리나라 습지정책의 생태－경제 통합 접근」 숙명여자대학교
박사학위논문, 2000.

최재선, 「갯벌과 농경지의 경제적 가치 비교 －새만금 지구 중심」 중앙
대학교 경제연구소 경제논문집, 1999, pp.51－72.

표희농, "갯벌과 간척농지의 수질 및 대기조전가치의 비교분석" 「자
원·환경경제연구」10(1), 2001, pp.95－126.

표희동, 유승훈, 곽승준, "이중경계 양자택일형의 조건부 가치측정법을
이용한 영산강 유역 갯벌의 보존가치추정" 「지역연구」17(1), 2001,
pp.37－54.

해양수산부, 「갯벌 생태계조사 및 지속가능한 이용방안 연구(3차년도)
－선재도, 송도 갯벌을 중심으로」, 2001, pp.850－852.

해양수산부, 「갯벌 생태계조사 및 지속가능한 이용방안 연구」, 2005.

해양수산부·고려대학교 경제연구소, 「해양환경자산의 사회적 가치측정
및 해양환경계정과의 연계방안 연구」, 2004.

해양수산부·한국해양수산개발원, 「해양자원의 경제적 가치추정과 해양
환경보전방안 연구」, 2000.

해양수산부·한국해양연구소, 「갯벌 생태계조사 및 지속가능한 이용방
안 연구(1차년도)－함평만 갯벌을 중심으로」 제8장, 1999, pp.523
－570.

해양수산부·한국해양연구소, 「갯벌 생태계조사 및 지속가능한 이용방
안 연구(2차년도)－전라남도 서부해안 갯벌을 중심으로」, 2000,
pp.938－941.

해양수산부·한국해양연구소, 「갯벌 목록(안)」 갯벌 생태계조사 및 지
속가능한 이용 방안 연구(5차년도) 부록1, 2005.

환경부, 「인공위성 영상자료를 이용한 토지피복 지도 구축」, 2002.

환경부, 고려대학교 경제연구소, 「자연자산의 경제적 가치측정 방안 연구」, 2001.

환경부·국립환경과학원, 「99 – 04년 겨울철 조류 동시 센서스 종합보고서」, 2004.

환경부, 한국해양연구소, 「갯벌보전과 이용의 경제성 평가」, 1996.

환경부, 한국환경정책·평가연구원, 「생물다양성의 사회·경제적 가치 평가 기법의 도출 및 적용」, 2007.

환경부, UNDP / GEF, 서울대학교 환경생태계획연구실, 「국가습지 유형 분류 체계구축」, 2005.

국외문헌

Acton, Jan P., "Evaluating Public Programs to Save Lives: The Case of Heart Attacks", Research Report R – 73 – 02, Rand Corporation, Santa Monica, Calif., 1973.

Alberni, A. and Krupnick, A., "Cost – of – Illness and Willingness – to – Pay Estimates of the Benefits of Improved Air Quality: Evidence from Taiwan," Land Economics, 76(1), 2000, 37 – 53.

Anderson, R.J., "A Note on Option Value and the Expected Value of Consumer Surplus", Journal of Environmental Economics and Management, 1981, 8, 187 – 91.

Arrow, Kenneth J., and Anthony C. Fisher, "Environmental Preservation, Uncertainty, and Irreversibility", Quarterly Journal of Economics, 1974, 88, 313 – 19.

Arrow, K., R. Solow, E. Leamer, P. Portney, R. Radner, and H. Schuman, "Report fo the NOAA Panel on Contingent Valuation", January 1993.

Bartik, T. J., "Evaluating the Benefits of Non – marginal Reductions in Pollution Using Information on Defensive Expenditures," Journal of Environmental Economics and Management, 1988, Vol.15, pp. 111－127.

Bateman, I.J., J.S. Brainard and A.A. Lovett, Modeling Woodland Recreation Demand Using Geographical Information Systems: A Benefit Transfer Study. Global Environmental Change Working Paper 95－06. Center for Social and Economic Research on the Global Environment(CSERGE). University College London and University of East Anglia, Norwich, 1995.

Becker, G.S., "A Theory of the Allocation of Time," Economic Journal, Vol. 75, 1965, pp. 493－517.

Bishop, Richard C., "Option Value: An Exposition and Extension", Land Economics, 1982, 58, 1－15.

Bishop, Richard C. and Thomas A. Heberlein, "Measuring Values of Extra－Market Goods: Are Indirect Measures Biased", American Journal of Agricultural Economics, 1979, 61(5), 926－30.

Bishop, Richard C. and Thomas A. Heberlein, "Contingent Valuation of Environmental Assets: Comparisons with a simulated market", Natural Resources Journal, 1983, 23, 619－33.

Blomquist, G.C., "Self－Protection and Averting Behavior, Values of Statistical Lives, and Benefit Cost Analysis of Environmental Policy," Review of Economics of the Household, Vol. 2, 2004, pp. 89－110.

Bockstael, N. E., W. M. Hanemann, and C. L. Kling, "Modelling Recreational Demand in a Multiple Site Framework," Water Resources Research, 1987, Vol. 23, pp. 951－960.

Bockstael, Nancy E., and Kenneth E. McConnell, "Calculating Equivalent and Compensating Variation for Natural Resource Facilities", Land Economics, 1980, 56(1), 56－62.

Bohm, Peter, "Option Demand and Consumer Surplus: Comment", American Economic Review, 1975, 65, 733－36.

Boyle, Kevin J., and Richard C. Bishop, "The Total Value of Wildlife

Resources: Conceptual and Empirical Issues", Paper presented at the Association of Environmental and Resource Economics Workshop on Recreation Demand Modeling, boulder, Colo., May 1985.

Boyle, K., G. Poe, and J. Bergstrom, What Do We Know about Groundwater Values?: Preliminary Implications from a Meta Analysis of Contingent Valuation Studies, American Journal of Agricultural Economics, 1994, 76(Dec): 1055 − 1061.

Brander, L.M., J.G.M.R. Florax, J.E. Vermaat, 「The Empirics of Wetland Valuation: A Comprehensive Summary and a Meta − Analysis of the Literature」, Institute for Environmental Studies Report, Amsterdam, The Netherlands, 2003.

Briccoe, John, et al., "Toward Equitable and Sustainable Rural Water Supplies: A Contingent Valuation Study in Brazil", World Bank Economic Review, May 1990, 4, 115 − 34.

Brisson, I. and D.W. Pearce, Benefit Transfer for Disamenity from Waste Disposal. Global Environmental Change Working Paper WM 95 − 06. Center for Social and Economic Research on the Global Environment(CSERGE). University College London and University of East Anglia, Norwich, 1995.

Brookshire, David S., Mark A. Thayer, William P. Schulze, and Ralph C. d'Arge, "Valuing Public Goods: A Comparison of Survey and Hedonic Approaches", American Economic Review, 1982, 72(1), 165 − 77.

Brouwer, R., "Environmental Value Transfer: State of the Art and Future Prospects" Ecological Economics, 2000, 32, 137 − 152.

Brouwer, R., et al., "A Meta − analysis of Wetland Contingent Valuation Studies" Regional Environmental Change, 1999, 1, 47 − 57.

Brown, T.C., et al., "Which Response Format Reveals the Truth about Donations to a Public Good?" Land Economics, 1996, 72(2), 152 − 166.

Cameron, Trudy Ann, "A new paradigm for valuing non − market goods using referendum data: Maximum likelihood estimation by censored logistic regression", Journal of Environmental Economics and Management, 1988, 15, 355 − 79.

Cameron, Trudy Ann and M.D James, "Efficent estimation methods for closed − ended contingent valuation survey data", Review of Economics and Statistics, 1987, 69, 269 − 76.

Cameron, Trudy Ann, "Interval estimates of non − market resource values from referendum contingent valuation survey", Land Economics, 1991, 67, 413 − 32.

Cameron, Trudy Ann and John Quiggin, "Estimating Using Contingent Valuation Data from a Dichotomous Choice with Follow − Up Questionaire", Journal of Environmental Economics and Management, 1994, 27, 218 − 34.

Carson, Richard T., "Three essays on contingent valuation", Ph.D. Thesis, University of California, Berkeley, 1985.

Carson, Richard T., "Constructed Markets", Measuring the Demand for Environmental Quality, John B. Barden and Charles D. Kolstad, North − Holland, Amsterdam, 1991, 121 − 62.

Carson, Richard T., W. Michael Hanemann, and Robert Cameron Michell, "Determining the Demand for Public Goods by Simulating Referendums at Different Tax Prices", manuscript, University of California, San Diego, 1986.

Carson, Richard T., and Robert Cameron Mitchell, "The Value of Clean Water: The Public's Willingness to Pay for Boatable, Fishable, and Swimmable Quality Water", Discussion Paper QE85 − 08, rev., Resource for the Future, Washington, D.C., 1986.

Carson, Richard T. et al., A Bibliography of Contingent Valuation Studies and Papers, La Jolla, California: Natural Resources Damage Assessment, Inc., 1994.

Carson, R.T., N.E. Flores, K.M. Martin, J.L. Wright, "Contingent valuation and revealed preference methodologies: comparing the estimates for quasi−public goods", Land Economics, 1996, Vol.72. pp.80−99.

Chavas, Jean−Paul, Richard C. Bishop, and Kathleen Segerson, "Ex Ante Consumer Welfare Evaluation in Cost−Benefit Analysis", Journal of Environmental Economics and Management, 1986, 13(3), 255−68.

Cicchetti, Charles J., and A. Myrick Freeman III, "Option Demand and Consumer's Surplus: Further Comment", Quarterly Journal of Economics, 1971, 85(3), 528−39.

Cicchetti, Charles J. and V. Kerry Smith, "Congestion, Quality Deterioration, and Optimal Use: Wilderness Recreation in the Spanish Peaks Primitive Area", Social Science Research, 1973, 2, 15−30.

Conrad, Jon M., "Quasi−Option Value and the Expected Value of Information", Quarterly Journal of Economics, 1980, 85, 813−20.

Costanza, R., et al., "The Value of the World's Ecosystem Services and Natural Capital" Nature, 1997, 387, 253−260.

Courant, P. and Porter, R., "Averting Expenditure and the Cost of Pollution," Journal of Environmental Economics and Management, Vol. 8, 1981, 321−329.

Coursey, Don L., John Hovis, and William D. Schulze, "The Disparity Between Willingness to Accept and Willingness to Pay Measures of Value", Quarterly Journal of Economics, 1987, 102, 679−90.

Creel, M.D., and J.B. Loomis, Theoretical and Empirical Advantages of Truncated Count Data Estimators for Analysis of Deer Hunting in California, American Journal of Agricultural Economics, 1990, 72, 434−441.

Cropper, M.L. and Freeman M.A., "Valuing Environmental Health Effects," in Measuring the Demand for Environmental Quality, ed. by J.B. Braden and C.D. Kolstad, Elsevier, Amsterdam, 1991.

Darling, Arthur H., "Measuring Benefits Generated by Urban Water

Parks", Land Economics, 1973, 49(1), 22 − 34.

Desvousges, W.H., F.R. Johnson, and H.S. Banzhaf, Environmental Policy Analysis with Limited Information: Principles and Applications of the Transfer Method, Massachusetts: Edward Elgar, 1998.

Devine, D. Grant, and Bruce Marion, "The Influence of Consumer Price Information on Retail Pricing and Consumer Behavior", American Journal of Agricultural Economics, May 1979, 61, 228 − 37.

Econometric Software Inc., Limdep version 7.0 User's Manual, revised edition. Econometric Software, Inc., 1998.

EPA, Environmental Protection Agency, The Benefits and Costs of the Clean Air Act Amendments of 1990 − 2010, Report to the U.S. Congress, November, 1999.

EPA, Environmental Protection Agency, The Benefits and Costs of the Clean Air Act Amendments of 1970 − 1990, Report to the U.S. Congress, October, 1997.

Freeman, A. Myrick III, "The Size and Sign of Option Value", Land Economics, 1984, 60, 1 − 13.

Freeman, A. M, III., The Measurement of Environmental and Resource Values: Theory and Methods, Washington D. C., Resources for the Future, 1993.

Finney, D.J., Probit Analysis, 3rd ed., Cambridge: Cambridge University Press, 1971.

Fisher, Anthony C., and W. Michael Hanemann, "Endangered Species and the Economics of Irreversible Damage", in D.O. Hall, N. Myers, and N.S. Margaris, eds., Economics of Ecosystem Management, Dordrecht, Netherlands, Kluwer Academic Publishers Group, 1985a.

Fisher, Anthony C., and W. Michael Hanemann, "Valuing Pollution Controls: The Hysteresis Phenomenon in Aquatic Ecosystems", Giannini Foundation Working Paper no. 361, University of California, Berkeley, 1985b.

Fisher, Anthony C., and W. Michael Hanemann, "Option Value and the

Extinction of Species", in V. Kerry Smith, ed., Advances in Applied Microeconomics, vol. 4, Greenwich, Conn., JAI Press, 1986.

Fisher, Anthony C., and W. Michael Hanemann, "Quasi－Option Value: Some Misconceptions Dispelled", Journal of Environmental Economics and Management, 1987, 14, 183－90.

Freeman, A. Myrick III, "The Size and Sign of Option Value", Land Economics, 1984, 60, 1－13.

Gegax, D., S. Gerking, and W. Schulze, "Valuing Safety: Two Approaches," in Experimental Methods for Assessing Environmental Benefits, 1985, Vol IV, EPA.

Glass, G.V., "Primary, Secondary, and Meta－analysis of Research" Educational Researcher, 1976, 5, 3－8.

Graham, Daniel A., "Cost－Benefit Analysis Under Uncertainty", American Economic Review, 1981, 71, 715－25.

Graham－Tomasi, Theodore, "Irreversibility and Uncertainty in State－ Level Acid Deposition Policy Formulation", manuscript, School of Natural Resources, University of Michigan, 1986.

Green, W.H., LIMDEP: User's Manual and Reference Guide Version 6.0, Econometric Software Inc., Australia, 1991.

Greene, W.H. 1993. Econometric Analysis. 2nd ed. Prentice Hall.

Green, W.H., Econometric Analysis(3rd Ed.), Upper Saddle River, NJ: Prentice Hall, 1997.

Green, D., K. E. Jacowitz, D. Kahneman, and D. McFadden, "Referendum Contingent Valuation Anchoring, and Willingness to Pay for Public Goods", March 22, 1995.

Habb, Timothy C. and Kenneth E. McConnell, Valuing Environmental and Natural Resources, Edward Elgar, 2002.

Halvorsen, R., R. Palmquist, "The interpretation of dummy variables in semi－logarithmic equations", American Economic Reviews, 1980, Vol.70(3). 474－475.

Hammack, Judd, and Gardner Mallard Brown, Jr., Waterfowl and Wetlands: Toward Bioeconomic Analysis, Baltimore, The Johns Hopkins University Press for Resources for the Future, 1974.

Hanemann, W. Michael, "A Methodological and Emprical Study of the Recreation Benefits from Water Quality Improvement", Ph.D. dissertation, Havard University, 1978.

Hanemann, W. Michael, "Welfare Evaluations in Contingent Valuation Experiments with Discrete Responses", American Journal of Agricultural Economics, 1984, 66, 332 − 41.

Hanemann, W. Michael, "Some issues in continous-and discrete-response contingent valuation studies", Northeast J. Agr. Econom., 1985, 5 − 13.

Hanemann, W. Michael, "Willingness to Pay and Willingness to Accept: How Much Can They Differ ?", draft manuscript, Department of Agricultural and Resource Economics, University of California, Berkeley, 1986.

Harrington, W. and Portney, P., "Valuing the Benefits of Health and Safety Regulation," Journal of Urban Economics, Vol. 22, 1987, 101 − 112.

Heberlein, Thomas A., "Measuring Resource Values: The Reliability and Validity of Dichotomous Contingent Valuation Measures", Paper presented at the American Sociological Association Meeting, New York, August, 1986.

Heckman, J. J., "Sample Selection Bias as a Specification Error", Econometrica, 1979, 40, 153 − 61.

Hellerstein, D., Can We Count on Count Models ? In Valuing Recreation and the Environment: Revealed Preference Methods in Theory and Practice, Edited by Herriges, J.A., and C.L. Kling, Cheltenham, UK: Edward Elgar, 1999.

Henry, Elaude, "Option Values in the Economics of Irreplaceable Assets", Review of Economic Studies, 1974, 64, 89 − 104.

Herriges, J.A., and C.L. Kling, eds. Valuing Recreation and the Environment: Revealed Preference Methods in Theory and Practice, Aldershot, UK: Edward Elgar, 1999.

Horne, A.J. and C.R. Goldman, Limnology. New York: McGraw-Hill, 1994.

Kahneman, Daniel, and Amos Tversky, "Prospect Theory: An Analysis of Decisions Under Risk", Econometrica, 1979, 47(2), 263-91.

Kanninen, B.J., "Design of sequential experiments for discrete choice contingent valuation studies", Journal of Environmental Economics and Management, 1993a, 25.

Kanninen, B.J., "Optimal experimental design for double-bounded dichotomous choice contingent valuation", Land Economics, 1993b, 69(2), 138-146.

Kask, S.B. and J.F. Shogren, "Benefit Transfer Protocol for Long-term Health Risk Valuation: a Case of Surface Water Contamination" Water Resource Research, 1994, 30(10), 2813-2823.

Kent, D.M., Applied Wetlands Science and Technology, 2nd ed. Boca Raton. Florida, USA: Lewis Publishers, 2001.

Kopp, Raymond J., "Existence Values Should Be Counted in Benefit Cost Analysis", Journal of Policy Analysis and Management, 1992, 11(1), 123-5.

Krinsky, I. and A. Robb A., On approximating the statistical properties of elasticities. Review of Economics and Statistics, 1986, 68, 715-719.

Krupnick, Alan, and Maureen Cropper, "The Effect of Information on Health Risk Valuation", Journal of Risk and Uncertainty, February 1992, 2, 29-48.

Krutilla, John V., "Conservation Reconsidered", American Economic Review, 1967, 57, 787-96.

Krutilla, John V., Charles J. Cicchetti, A. Myrick Freeman, III, and Clifford S. Russell, "Observations on the Economics of Irreplaceable

Assets", in Allen V. Kneese and Blair T. Bower, eds., Environmental Quality Analysis: Theory and Method in the Social Sciences, Baltimore, The John Hopkins University Press for Resources for the Future, 1972.

Krutilla, John V., and Anthony C. Fisher, The Economics of Natural Environments: Studies in the Valuation of Commodity and Amenity Resources, Baltimore, The Johns Hopkins University Press for Resources for the Future, 1975.

Lancaster, K., "A New Approach to Consumer Theory", Journal of Political Economy, 1966, 74, 132 − 57.

Loomis, J.B., and D. White, Economic Benefits of Rare and Endangered Species: Summary and Meta − Analysis, Ecological Economics, 1996, 18(2): 197 − 206.

Luken, R.A., F.R. Johnson and V. Kibler, "Benefits and Costs of Pulp and Paper Effluent Controls under the Clean Water Act" Water Resource Research, 1992, 28(3), 665 − 674.

Maddala, G.S., Introduction to Econometrics 2nd ed., Macmilan Publishing Company Inc., 1992.

MaFadden, D., Conditional Logit Analysis of Qualitative Choice Behavior, in P. Zarembka (ed.), Frontiers in Econometrics, New York: Academic Press, 1974.

Maltby, E., D.V. Hogan and R.J. McInnes, "Functional Analysis of European Wetland Ecosystems − Phase I (FAEWE)" Ecosystems Research Report 18. Luxembourg: Office for Official Publications of the European Communities, 1996.

McKenzie, G.W., Measuring Economic Welfare: New Methods, Cambridge, Cambridge University Press, 1983.

Mendelsohn, R., J. Hof, G. Peterson, and R. Johnson, Measuring Recreation Values with Multiple Destination Trips, American Journal of Agricultural Economics, 1992, 74, 926 − 933.

Millenium Ecosystem Assessment, Ecosystems and Human Well-being: A

Framework for Assessment, Island Press, Washington D.C., 2005.

Mitchell, Robert Cameron, and Richard T. Carson, A Contingent Valuation Estimate of National Freshwater Benefits: Technical Report to the U.S. Environmental Protection Agency, Washington, D.C., Resources for the Future, 1984.

Mitchell, Robert Cameron, and Richard T. Carson, "Property Rights, Protest, and the Siting of Hazardous Waste Facilities", American Economic Review, 1986, 76(2), 285 − 90.

Mitchell, Robert Cameron, and Richard T. Carson, Using Surveys to Value Public Goods: The Contingent Valuation Method, Washington, D.C., Resources for the Future, 1989.

Miller, J.R., and F. Lad., "Flexibility, Learning, and Irreversibility in Environmental Decisions: A Bayesian Approach,", Journal of Environmental Economics and Management, 1984, 11, 161 − 72.

Mitsch, W.J, and J.G. Gosselink, Wetlands, 3rd ed. New York, USA: John Wiley & Sons Inc, 2000.

Mitsch, W.J, and J.G. Gosselink, Wetland. John Wiley & Sons, Inc., 1993.

Moore, E. R., and W. K. Viscusi, "The Qantity − Adjusted Value of Life," Economic Inquiry, 1988, Vol. 26, pp. 369 − 388.

Morey, Edward R., "Confuser Surplus", American Economic Review, 1984, 74(1), 163 − 73.

Mrozek, J.R., and L.O. Taylor, What Determines the Value of Life ? A Meta − Analysis, Journal of Policy Analysis and Management, 2002, 21(2): 253 − 270.

Mushkin, S.J., and E.A. Collings, Economic Costs of Disease and Injury, Public Health Reports, 1959, 74(a): 795 − 809.

Muthke, T.K. and Holm − Mueller, "National and International Benefit Transfer Testing with a Rigorous Test Procedure" Environmental and Resource Economics, 2004, 29, 323 − 336.

Palmquist, R. B., Hedonic Methods, J. Braden and C. Kolstad, (eds.),

Measuring the Demand for Environmental Quality, North - Holland, 1991.

Parsons, G.R., and A.J. Wilson, Incidental and Joint Consumption in Recreation Demand, Agricultural and Resource Economics Review, 1997, 26:1 - 6.

Patricia A.C., K.J. Boyle, and T.C. Brown, A Primer on Nonmarket Valuation, Kluwer Academic Publishers, 2003.

Patterson, D.A., and J.W. Duffield, "Comment on Cameron's censored logistic regression model for referendum data", Journal of Environmental Economics and Management, 1991, 20, 275 - 83.

Phaneuf, D.J. and V.K. Smith, Recreation Demand Models, Unpublished manuscript, North Carolina State University, 2002.

Plummer, Mark L., and Richard C. Hartman, "Option Value: A General Approach", Economic Inquiry, 1986, 24, 455 - 71.

Portney, Paul R., "The Contingent Valuation Debate: Why Economists Should Care", Journal of Economic Perspectives, Fall 1994, 8(4), 3 - 17.

Quiggin, J., "Existence Values and Benefit Cost Analysis: A Third View", Journal of Policy Analysis and Management, 1993, 12(1), 195 - 9.

Randall, Alan, Berry C. Ives, and Clyde Eastman, "Bidding Games for Valuation of Aesthetic Environmental Improvements", Journal of Environmental Economics and Management, 1974, 1, 132 - 49.

Randall, Alan, and John R. Stoll, "Consumer's Surplus in Commodity Space", American Economic Review, 1980, 70(3), 449 - 55.

Randall, Alan, and John R. Stoll, "Existence Value in a Total Valuation Framework", in Robert D. Rowe and Lauraine G. Chestnut, eds., Managing Air Quality and Scenic Resources at National Parks and Wilderness Areas, Boulder, Colo., Westview Press, 1982.

Rice, D.P., Estimating the Cost of Illness, Health Economics Series, Public Health Service, Washington, DC., 1966.

Ridker, Ronald G., Economic Costs of Air Pollution, New York, Praeger, 1967.

Riesman, David, "Some Observations on the Interviewing in the Teacher Apprehension Study", in Paul Lazarsfeld and Wagner Thielens, Jr., eds., The Academic Mind: Social Scientists in a Time of Crisis, Glencoe, III., Free Press, 1958.

Rosenberger, R.S. and J.B. Loomis, "Using Meta−analysis for Benefit Transfer: In−sample Convergent Validity Test of an Outdoor Recreation Database" Water Resource Research, 2000, 36(4), 1097−1107.

Rosenberger, R.S., and J.B. Loomis, Benefit Transfer of Outdoor Recreation Use Values: a Technical Document Supporting the Forest Service Strategic Plan, General Technical Report RMRS−GTR−72, Fort Collins, CO: U.S. Department of Agriculture, Forest Service, Rocky Mountain Research Station, 2001.

Rosenthal, D., and R. Nelson, "Existence Values Should Be Counted in Benefit Cost Analysis", Journal of Policy Analysis and Management, 1992, 11(1), 116−22.

Ruijgrok, E.C.M., "Transferring Economic Values on the Basis of an Ecological Classification of Nature" Ecological Economics, 2001, 39, 399−408.

Schmalensee, Richard, "Option Demand and Consumer Surplus: Valuing Price Changes Under Uncertainty", American Economic Review, 1972, 62, 813−24.

Shrestha, R.K. and J.B. Loomis, "Testing a Meta−analysis Model for Benefit Transfer in International Outdoor Recreation" Ecological Economics, 2001, 39, 67−83.

Silvey, S.D., Optimal design, London: Chapman and Hart, 1980.

Smith, V. Kerry, "Option Value: A Conceptual Overview", Southern Economic Journal, 1983, 49, 654−68.

Smith, V. Kerry, "A Bound for Option Value", Land Economics, 1984,

60(3), 292 − 6.

Smith, V. Kerry, "Intrinsic Value in Benefit Cost Analysis", draft manuscript, Department of Economics, Vanderbilt University, 1986.

Smith, V. Kerry, "Uncertainty, Benefit − Cost Analysis, and the Treatment of Option Value", Journal of Environmental Economics and Management, 1987, 14, 283 − 92.

Smith, V. Kerry, and William H. Desvousges, Measuring Water Quality Benefits, Boston: Kluwer − Nijhoff Publishing, 1986.

Smith, V.K., and J. Huang, Can Markets Value Air Quality? A Meta − Analysis of Hedonic Property Value Models, Journal of Political Economy, 1995, 103(Feb): 209 − 227.

Smith, V.K., and Y. Kaoru, Signals or Noise ?: Explaining the Variable in Recreation Benefit Estimates, American Journal of Agricultural Economics, 1990, 72(2): 419 − 433.

Smith, V.K., and L. Osborne, Do Contingent Valuation Estimates Pass a Scope Test?: A Meta − Analysis, Journal of Environmental Economics and Management, 1996, 31(Nov):287 − 301.

Stanley, T.D., "Wheat From Chaff: Meta − Analysis As Quantitative Literature Review", Journal of Economic Perspectives, 2001, Vol.15. No.3. pp.131 − 150.

Turner, R.K. et al., "Ecological − economic Analysis of Wetlands: Scientific Integration for Management and Policy" Ecological Economics, 2000, 35, 7 − 23.

U.S. Department of Interior, Final rule for natural resource damage assessments under the Comprehensive Environmental Response, Compensation, and Liability Act of 1980(CERCLA), Federal Register, 1986, 51(148), 27674 − 753.

Van den Bergh, J.C.J.M. et al. 1997. Meta − Analysis in Environmental Economics. Kluwer Academic Publishers.Viscusi, W. K., Fatal Tradeoffs: Public and Private Responsibilities for Risk, Oxford University Press, 1992.

Viscusi, W. K., "The Value of Risks Life and Health," Journal of Economic Literature, 1993, Vol. 31, pp. 1912 – 1946.

Walsh, R.G., D.M. Johnson, and J.R. McKean, Issues in Nonmarket Valuation and Policy Application: A Retrospective Glance, Western Journal of Agricultural Economics, 1989, 14(Jul): 178 – 188.

Walsh, R.G., D.M. Johnson, and J.R. McKean, Benefit Transfer of Outdoor Recreation Demand Studies: 1968 – 1988, Water Resources Research, 1992, 28(3): 703 – 713.

Weisbrod, B.A., Economics of Public Health, Philadelphia: University of Pennsylvania, 1961.

Weisbrod, Burton A., "Collective Consumption Services of Individual Consumption Goods", Quarterly Journal of Economics, 1964, 78(3), 471 – 7.

White, H., "A Heteroskedasticity – consistent Covariance Matrix Estimator and a Direct Test for Heteroskedasticity" Econometrica, 1980, 48, 817 – 838

Willig, Robert D., "Consumer's Surplus Without Apology", American Economic Review, 1976, 66(4), 587 – 97.

Woodward, R.T., Y.S. Wui, "The economic value of wetland services: a meta – analysis", Ecological Economics, 2001, Vol. 37. pp.257 – 270.

Zhang BH, et al., Randomized controlled trial of screening for hepatocellular carcinoma, J. Cancer Res Clin Oncol. 2004, 130:417 – 422.

부록: 생물다양성협약 전문

협약당사국은, 생물다양성의 본래적인 가치와 생물다양성과 그 구성요소들(components)의 생태학적, 유전적, 사회경제적 과학적, 문화 교육적, 교육적 및 미학적인 가치를 자각하고, 또한 생물다양성이 생물권의 진화와 생명보전시스템의 유지에 긴요하다는 것을 자각하며, 생물다양성의 보전이 인류의 공통적인 관심사임을 확인하고, 각 국가는 자국의 생물자원에 대한 주권적 권리를 가지고 있음을 재확인하며, 또한 각 국가는 자국의 생물다양성을 보전할 책임이 있음과 동시에 그 생물자원을 지속가능한 방법으로 이용할 책임이 있음을 재확인하고, 생물다양성이 인간의 활동에 의하여 현저하게 감소되었다는데 대한 우려를 가지고, 생물다양성에 대한 전반적인 정보와 지식의 부족과, 적절한 대책의 수립, 시행에 필요한 기본적인 사항을 제공할 수 있는 과학, 기술 및 제도적인 능력개발이 시급히 필요함을 인식하며, 현지에서의 생물다양성이 현저하게 감소되어간 손실되는 원인의 예측, 예방 및 대처가 매우 긴요함을 지적하며, 또한 생물다양성의 현저한 감소나 손실의 우려가 있는 경우, 과학적 확실성의 결여가 그러한 위협을 예방하거나 최소화할 수 있는 대책을 지연시키는 구실이 되어서는 안됨을 지적하고, 이에 더하여 생태계와 천연서식지의 현지내(in－situ)보전과 자연환경속에서 생존가능한 종(種)의 군(群)의 유지와 회복이 생물다양성 보전을 위한 기본적인 사항임을 지적하며, 또한 가급적 원산국(原産國)에서의 (현지외)現地外(ex–situ)대책 역시 중요하다는 것을 지적하며, 토착지역사회의 전통적인 생활양식 구현은 생물자원과의 밀접하고도 전통적으로 상호의존적임을 인식하고, 생물다양성의 보전과 그 구성요소들의 지속가능한 이용과 관련된 기존의 지식, 기술 및 실행기술의 이용시 발생되는 이익을 공평하게 분배하는 것이 바람직함을 인식하며, 또한 여성들이 생물다양성의 보존과 지속가능한 이용에 있어서 지대한 역할을 할 수 있음을 인식하고, 생물다양성 보전을 위한 정책결정 및 그 시행의 모든 과정에 여성의 적극적인 참여의 필요성을 확인하며, 생물다양성의 보전과 그 구성요소들의 지속가능한 이용을 위한 국가, 정부 및 비정부단체간의 국제적, 지역적 그리고 범세계적인 협력증진의 중요성과 그 필요성을 강조하고, 신규의 추가적인 재원과 관련기술에의 적절한 접근에 관한 규정의 제정은 생물다양성의 손실을 막기 위한 인류의 능력에 커다란 도움이 되었음을 인식하며, 신규의 추가적인 재원과 관련기술에의 적절한 접근 등의 규정을 포함하여 개발도상국들의 요구사항을 충족시키기 위해서는 특별규정이 필요하다는 것을 아울러 인식하며, 이러한 관점에서 최빈개도국과 군소도서국가들이 처한 특별한 상황을 지적하고, 생물다양성을 보전하기 위해서는 대폭적인 투자가 필요하고 또한 이러한 투자로부터 환경 경제 및 사회적인 광범위한 이익이 기대됨을 인식하며, 경제사회개발 및 빈곤의 퇴치가 개발도상국의 최우선 과제임을 인식하며, 생물다양성의 보전과 지속가능한 이용은 식량, 건강 및 그 밖의 점증하는 세계인류의 요구를 충족시키는데 있어서 지극히 중요하고, 이를 위하여 유전자원과 기술에의 접근과 분배가 긴요하다는 것을 인식하고, 생물다양성이 보전과 지속가능한 이용은 궁극적으로 국가간의 우호관계를 강화하고 또한 인류의 평화에 기여할 수 있음을 주목하며, 생물다양성의 보전과 그 개체들의 지속가능한 이용을 위해서는 현행 국제협정의 강화와 보완이 바람직하며 현재세대와 미래세대의 이익을 위하여 생물다양성의 보전과 지속가능한 이용을 결의하면서, 다음과 같이 합의하였다:

제1조 목적

본 협약의 목적은 생물다양성의 보전과 그 구성요소의 지속가능한 이용 그리고 유전자원의 이용에 따른 이익의 공평한 분배에 있으며, 자원과 기술에 대한 권리를 인정하면서 유전자원에 대한 적절한 접근, 관련기술의 이전 및 적절한 자금제공 등을 포함한다.

제2조 용어의 사용

본 협약의 목적상 "생물다양성(Biological diversity)"이라 함은 육상, 해양 및 그 밖의 수생생태계 및 생태학적 복합체(Ecological complexes)를 포함하는 모든 자원으로부터의 생물간의 변이성(variability)을 말하며, 종들간 또는 종과 그 생태계 사이의 다양성을 포함한다.

생물자원(Biological diversity)"이라 함은 실질적 또는 잠재적으로 인류를 위하여 사용될 가치가 있는 유전자원, 생물, 유기체군 또는 생태계의 생물구성 요소를 말한다.

생물공학(Biotechnology)"이라 함은 생물계(Biological system), 생물(Living organism) 또는 이들의 파생물 (Derivatives)을 이용하여 특수한 목적을 위한 산물(Products) 또는 과정(Processes)을 만들거나 변형시킬수 있는 응용기술을 말한다.

유전자원 원산국(原産國: Country of origin of genetic resources)"이라 함은 유전자원을 현지(In－site conditions) 에서 소유하고 있는 국가를 말한다.

유전자원제공국(Country providing genetic resources)"이라 함은 야생 또는 재배(Domesticated)종을 포함한 현지 (In－site sources)에서 수집하였거나 또는 현지외(Ex－site)에서 얻은 영향을 받은 종을 말한다.

생태계(Ecosystem)"라 함은 식물 예 및 미생물 군락의 역동적인 복합체와 기능단위로 상호 작용하는 무생환경 (Non－living environment)을 말한다.

현지외 보전(Ex－site conservation)"이라 함은 천연서식지 밖에서의 생물다양성 구성요소의 보전을 말한다.

유전물질(Genetic material)"이라 함은 유전적 기능단위를 포함하는 식물, 동물, 미생물 또는 기타 유전적 기원이 되는 물질을 말한다.

유전자원(Genetic resources)"이라 함은 실질적 또는 잠재적 가치를 지닌 유전물질을 말한다.

서식지(Habitat)"라 함은 생물의 개체 및 군체가 자연발생하는 장소나 위치 유형을 말한다.

현지내 상태(In－site conditions)"라 함은 유전자원이 생태계 및 자연서식지에서 서식하는 상태를 말한다. 재배 또는 배양종의 경우 이들의 특이성이 성장된 주위환경을 말한다.

현지내 보전(In－site conservation)"이라 함은 생태계와 천연서식지의 보전과 이들의 자연환경에서 생존가능한 종의 군의 관리 및 복구를 말한다. 재배 또는 배양종의 경우는 이들의 특이성이 성장된 주위환경을 말한다.

보호구역(Protected area)"이라 함은 특별한 보전목적을 달성하기 위하여 지정 또는 규제되고 또한 관리되고 있는 지리적으로 한정된 지역을 말한다.

지역경제통합기구(Regional economic integration organization)" 이라 함은 일정한 영토를 갖는 주권국들로 구성된 기구로서, 본 협약 운영을 위한 제반 사항들에 대하여 자국의 국내법 절차에 따라 서명, 비준, 동의, 승인 및 가입에 관한 권한을 그 소속국가로부터 위임 받은 기구를 말한다.

지속가능한 이용(Sustainable use)"이라 함은 장기적으로 생물다양성의 감소를 유발하지 않도록 하면서 또한 현재세대 및 미래세대의 필요와 열망을 충족시키기 위한 잠재력을 유지하면서 생물다양성의 구성요소를 이용하는 것을 말한다.

과학기술(Technology)"이라 함은 생명공학기술을 포함한다.

제3조 원 칙

국가는 유엔헌장과 국제법의 원칙에 따라, 자국의 환경정책에 의하여 자국의 자원을 개발할 수 있는 주권적 권리를 가지며, 또한 자국의 관할구역 또는 통제범위내에서의 활동이 다른 국가나 또는 관할구역 외부지역의 환경에 피해를 끼치지 않도록 하여하 할 책임을 갖는다.

제4조 관할구역

다른 국가의 권리를 인정하여, 본 협약에 특별히 규정된 경우를
제외하고, 본 협약의 규정은 각 협약당사국간에 적용된다.

a) 생물다양성의 구성요소의 경우, 각국의 관할구역내의 지역

b) 각국의 관할구역 또는 통제범위내에서 수행된 활동의 경우, 그
결과가 미치는 장소에 불구하고 각국의 관할구역 또는 관할구
역 외부지역

제5조 협 력

협약당사국은 생물다양성의 보전과 지속가능한 이용을 위하여 관
할구역 외부지역에 관한 사항과 공동의 문제에 대하여 직접 또는 권
한 있는 국제기구를 통하여 가능하고도 적절하게 협력하여야 한다.

제6조 보전 및 지속가능한 이용을 위한 대책

협약당사국은 각국의 특수한 상황 및 능력에 따라,

a) 생물다양성의 보전과 지속가능한 이용을 위한 국가전략, 계획
및 프로그램을 개발하거나 기존의 전략, 계획 또는 프로그램
에 본 협약에 규정된 대책을 반영하여 수정하여야 한다.

b) 생물다양성의 보전과 지속가능한 이용이, 가능한 한 그리고 적
절하게, 관련분야 또는 종합적인 계획, 프로그램 및 정책에 포

함되도록 하여야 한다.

제7조 조사 및 감시

협약당사국은 특히 제8조 - 제10조의 목적을 위하여, 최대한 그리고 적절하게, 다음사항을 이행하여야 한다.

a) 부속서 I 에서 정한 목록을 참고하여 생물다양성과 지속가능한 이용을 위한 구성요소에 대한 조사
b) 긴급한 보전대책을 필요로 하거나 지속가능한 이용에 가장 잠재력이 높은 생물다양성의 구성요소에 특별한 관심을 기울이면서 (a)항에 따라 조사된 구성요소에 대한 표본조사 및 다른 기법을 이용한 감시
c) 생물다양성이 보전과 지속가능한 이용에 중대한 악영향을 미치거나 미칠 우려가 있는 활동의 진행과정 및 범위조사, 그리고 이들 결과에 대한 표본조사 및 다른 기법을 통한 감시
d) 전항 (a), (b) 및 (c)항의 규정에 의한 조사 및 감시를 통해 얻어진 자료를 토대로 한 관리 및 조직화

제8조 현지보전

협약당사국은 최대한 그리고 적절하게, 다음사항을 이행하여야 한다.
a) 생물다양성을 보전하기 위한 보호구역 또는 특별조치가 필요한 지역의 설정
b) 필요시 생물다양성을 보전하기 위한 보호구역 또는 특별조치

가 필요한 지역의 선정, 확정 및 관리에 관한 지침 개발

c) 보호구역내 또는 보호구역외의 생물다양성의 보전에 중요한 생물자원의 규제 또는 관리

d) 생태계 및 천연서식지의 보호, 자연환경에서 생존가능한 종의 보호 촉진

e) 보호구역에 대한 보호촉진을 위한 보호구역 인접지역에서의 환경적으로 건전하고 지속가능한 개발장려

f) 계획 및 관리전략의 수립, 시행을 통한 파괴된 생태계의 복구 및 멸종위기에 대한 종의 회복 촉진

g) 사람의 건강에 미치는 위험성을 고려하여, 생물다양성의 보전과 지속가능한 이용에 환경상 악영향을 미칠 수 있는 변형된 생물체의 이용과 전파 등에 따른 위험의 규제, 관리 및 통제수단의 수립 및 유지

h) 생태계, 서식지 또는 종을 위협하는 외래종(alien species)도입의 금지, 통제 및 근절

i) 생물다양성의 현재의 이용 및 보전과 그 구성요소의 지속가능한 이용을 양립시키는데 필요한 조건을 제공하기 위한 노력 경주

j) 국내법에 따라 생물다양성의 보전과 지속가능한 이용을 위하여 전통적인 생활양식의 구현을 통한 지식, 혁신적 기술 및 토착 또는 지역사회의 관습의 존중, 보호 및 유지 이들 지식, 기술 및 관습 보유자의 승인 및 참여 하에 이들의 폭넓은 응용 촉진 그 리고 이의 이용에 따른 이익의 공평한 분배 장려

k) 멸종위기에 처한 종 및 개체보호를 위하여 필요한 규제법 개발 및 관리

l) 생물다양성에 심각한 영향이 있을 경우 제7조의 규정에 따라
당해 사업의 진행과정 및 범위의 규제 및 관리

m) 특히 개발도상국에 대해서는 전항 (a) – (l)항에 규정된 현지내
보전을 위한 재정 및 기타 지원제공에 협력

제9조 현지외 보전

협약당사국은 현지내 보전을 보완하기 위하여, 최대한 그리고 적
절하게, 다음 사항을 이행하여야 한다.

a) 가급적 원산국내에서 생물다양성 구성요소들의 현지외 보전을
위한 대책 채택

b) 가급적 유전자원이 존재하는 국가내에서 식, 동물 및 미생물
에 대한 현지외 보전 및 연구시설의 설립 및 관리

c) 위기에 처한 종의 회복 및 복구와 적절한 조건하에서 이들을
천연서식지로의 되돌려 보내기 위한 대책 채택

d) 생태계와 현지내 종의 개체군이 위기에 처하지 않도록 현지외
보전목적을 위한 천연서식지로부터의 생물자원 채취의 규제
및 관리, 다만, (c)항의 규정에 의한 일시적으로 특별한 현지의
보전이 필요한 경우는 제외

e) 전항 (a) – (b)에 규정된 현지외 보전을 취한 재정 및 기타지원
과 개발도상국에 현지외 보전시설의 설치 및 관리에 협력

제10조 생물다양성 구성요소의 지속가능한 이용

협약당사국은, 최대한 그리고 적절하게, 다음사항을 이행하여야 한다.

a) 국가정책결정시 생물다양성의 보전과 지속가능한 이용을 배려

b) 생물자원 이용시 생물다양성에 미치는 악영향을 제거하거나 최
   소화할 수 있는 대책

c) 보전 또는 지속가능한 이용과 부합되는 전통적인 문화관습에
   따라 생물자원의 이용채택 및 촉진

d) 생물다양성이 감소되고 있는 지역에 대한 복구대책을 수립, 시
   행할 수 있도록 지역주민에 대한 지원

e) 생물다양성의 지속가능한 이용을 위한 개발방법에서 정부기관
   과 민간부분의 협력 증진

제11조 장려 조치

협약당사국은 최대한 그리고 적절하게, 생물다양성 구성요소의
보전과 지속가능한 이용을 장려할 수 있도록 경제, 사회적으로 건
전한 대책을 채택하여야 한다.

제12조 연구 및 교육

협약당사국은 개발도상국의 특별한 요구사항을 고려하여 다음을
이행하여야 한다.

a) 생물다양성과 그 구성요소의 확인, 보전 및 지속가능한 이용
   을 위한 조치로써 과학 기술교육 및 훈련계획의 수립 및 작성
   관리, 또한 개발도상국의 특별한 요구수요를 위한 이러한 교
   육 및 훈련에 대한 지원제공

b) 과학, 기술 및 기술자문을 위한 보조기관의 자문결과 채택된 당

사국 회의의 결정에 따라, 특히 개발도상국이 생물다양성의 보
전과 지속가능한 이용에 기여할 수 있는 연구의 촉진 및 장려

c) 제16조, 제18조 및 제20조의 규정을 유념하여, 생물자원의 보
전과 지속가능한 이용방법 개발에 있어서 과학적 진보사항 이
용의 촉진 및 협력

제13조 대중교육 및 홍보

협약 당사국은 다음을 이행하여야 한다.

a) 매스컴, 교육 프로그램을 통하여 생물다양성 보전의 중요성 및
필요한 대책에 대한 이해의 증진

b) 생물다양성의 보전과 지속가능한 이용에 관한 교육 및 홍보계
획 마련시 다른 국가 및 국제기구와의 적절한 협력

제14조 영향평가 및 악영향의 최소화

1. 협약당사국은 최대한 그리고 적절하게 다음사항을 이행하여야
한다.

a) 생물다양성에 악영향을 미칠 수 있는 사업계획에 대하여 이러
한 악영향을 제거하거나 최소화하고 또한 주민참여를 위한 환
경영향평가에 필요한 절차의 도입

b) 생물다양성에 심각한 악영향을 초래할 수 있는 계획 또는 정책
의 환경에 미치는 결과를 충분히 고려될 수 있도록 보장할 수
있는 제도 도입

c) 각국의 관할 및 통제하에 다른 나라 또는 자국의 관할구역 외

부지역의 생물다양성에 악영향을 끼칠 우려가 있는 사업에 대
하여 호혜의 원칙에 따른 통고, 정보교환 및 자문의 촉진

d) 자국의 관할구역 또는 통제구역 내에서의 활동이 다른 나라의
관할구역 또는 자국의 관할구역 외부지역의 생물다양성에 중
대하고도 긴박한 위협 또는 위험을 초래하는 경우, 이러한 위
협 또는 위협을 제거하거나 최소화하기 위한 조치를 취하는
동시에 피해의 가능성이 있는 국가에 대한 신속한 통보

e) 생물다양성에 중대하고도 긴박한 위험이 될 사업 또는 사건에
대한 비상계획 준비 촉진 그리고 관련 국가간 또는 지역경제
통합지구 사이의 합의하에 공동비상대비 계획을 수립하기 위
한 국가별 노력을 지원할 수 있는 국제협력촉진

2. 당사국회의에서는 기 수행된 연구결과를 토대로 생물다양성
피해에 대한 복구 및 보상을 한다. 다만 이러한 책임이 단순
한 국내문제인 경우는 제외한다.

제15조 유전자원에 대한 접근

1. 자국의 자원에 대한 주권적 권리를 인정하며, 유전자원에 대
한 접근의 결정권은 각 정부에 있으며 또한 입법이 정하는 바
에 따른다.

2. 각 협약당사국은 다른 당사국이 환경적으로 건전한 이용을 위하
여 유전자원에 대하여 접근이 용이하도록 여건을 조성토록 노력

하여야 하며, 본 협약의 목적에 반하여 제한을 가해서는 안된다.

3. 본 협약의 취지에 따라, 본조, 제16조 및 제19조의 규정에 의
한 어느 한 협약당사국이 제공하는 유전자원이란 그 자원을
원래 소유하고 있는 협약당사국이거나 본 협약에 따라 유전자
원을 획득한 당사국의 경우에 한한다.

4. 유전자원에 대한 접근은 상호 합의된 조건과 본 협약의 규정
에 따른다.

5. 유전자원에 대한 접근은, 해당 당사국이 별도로 정하지 않는
한, 그러한 자원을 제공하는 협약당사국의 사전통보된 동의에
따른다.

6. 각 협약당사국은 다른 협약당사국이 제공한 유전자원을 토대
로 한 과학적 연구는 자원제공국이 충분히 참여하에 수행되도
록 노력하여야 한다.

7. 각 협약당사국은 연구개발의 결과와 유전자원의 상업적 및 기
타 이용결과 얻어지는 이익을 자원제공국과 공평하게 나눌 수
있도록 제16조 및 제19조, 필요시 제20조 및 제21조의 규정에
의한 재정기구를 통하여 적절하게 입법, 행정 또는 정책적 조
치를 취하여야 한다.

제16조 기술의 접근 및 이전

1. 각 협약당사국은 당사국간에 생명공학을 포함한 기술에의 접
   근과 이전이 본 협약의 목적달성에 매우 긴요하다는 사실을
   인식하면서, 본 협약의 규정에 따라 생물다양성 보전과 지속
   가능한 이용과 관련된 기술에 대한 접근과 다른 협약당사국으
   로의 제공 및 이전이 용이하도록 하고, 생물자원을 이용할 수
   있도록 조치한다. 그러나 이 경우 환경에 심각한 영향을 끼쳐
   서는 아니된다.

2. 1항의 규정에 의한 개발도상국의 기술접근 및 이전은 상호합
   의된 경우 양허적이고 특혜적인 조건하에 공정하고 가장 유리
   한 조건으로, 필요한 경우 제20조 및 제21조에 따라 설치된
   재정기구에 따라 제공 및 촉진되어야 한다. 특허 및 지적소유
   권과 관련된 기술의 경우 지적소유권이 적절하고 효과적으로
   보호되는 조건으로 기술접근 및 이전이 이루어져야 한다.

3. 각 협약당사국은 유전자원의 제공국이면서 상호합의하에 이들
   자원을 이용한 기술로써 특혜 및 지적소유권에 의해 보호되는
   기술을 포함한 기술에의 접근 및 이전을 받는, 특히 개발도상
   국인 제20조 및 제21조의 규정과 국제법 및 다음의 제4항 및
   제5항에 따라, 협약당사국에 대하여 입법, 행정 및 정책적 조
   치를 취하여야 한다.

4. 민간부분에서 개발도상국의 정부기관과 민간부분 모두의 이익
   을 위하여 제1항 규정에 따른 기술에의 접근 및 공동개발 및
   이전을 촉진할 수 있도록 하기 위하여 각 협약당사국은 입법,
   행정 및 정책적 조치를 취하여야 하며, 제1, 2 및 3항의 의무
   사항을 준수하여야 한다.

5. 협약당사국은 특허권 및 기타 지적소유권 문제가 본 협약의
   이행에 영향을 미칠 수 있음을 인정하고, 이러한 권리들이 본
   협약목직에 도움이 되고 본 협약의 목적에 반하지 않도록 국
   내법 및 국제법에 따라 협력하여야 한다.

제17조 정보교환

1. 협약당사국은 공적으로 이용가능한 모든 출처로부터 개발도상
   국의 특별한 요구를 고려하여 생물다양성의 보전과 지속가능한
   이용에 관한 정보의 교환이 용이하게 이루어지도록 하여야 한다.

2. 이러한 정보의 교환은 교육 및 조사계획, 전문지식, 토착적이고
   전통적인 지식에 관한 정보뿐만 아니라 기술, 과학 및 사회경
   제적인 연구결과와 제16조 1항과 관련된 사항을 포함한다. 또
   한 타당한 경우 정보의 제공요구(repatriation)까지 포함한다.

제18조 기술 및 과학협력

1. 협약당사국은 생물다양성의 보전과 지속가능한 이용분야에서

필요한 경우 적절한 국제 및 국내제도를 통하여 국제적 기술
및 과학협력을 증진시켜야 한다.

2. 각 협약당사국은 본 협약의 시행과정에서 국내 정책을 수립
   및 시행함으로써 특히 개발도상국인 협약당사국과 기술 및 과
   학협력을 증진시켜야 한다. 이러한 협력증진에 있어서 인적자
   원의 개발과 제도의 구축을 통하여 국가 능력의 개발 및 강화
   에 특별한 관심을 기울여야 한다.

3. 제1차 협약당사국 회의에서 기술과학협력의 증진 및 촉진을
   위하여 청산거래(clearing - house) 메카니즘 설치방안을 결정하
   여야 한다.

4. 협약당사국은 본 협약의 취지에 따라 토착적이고 전통적 기술
   을 포함한 기술의 개발 및 이용을 위한 협력방안을 국내입법
   및 정책에 따라 촉진, 개발하여야 한다.

5. 협약당사국은 상호협의하에 본 협약의 목적과 관련된 기술의
   공동연구 및 합작회사 설립을 촉진시켜야 한다.

제19조 생명공학의 관리 및 그 수혜의 배분

1. 각 협약당사국은 다른 협약당사국, 특히 유전자원을 제공하는
   개발도상국이, 유전공학 연구활동에 효과적으로 참여할 수 있

도록 적절한 입법, 행정 또는 정책적 조치를 취하여야 한다.

2. 각 협약당사국은 다른 협약당사국 특히 개발도상국이 제공한 유전자원을 기본으로 한 유전공학기술에서 얻어지는 결과 및 이익에 공정하고 우선적으로 접근할 수 있도록 실질적인 조치를 취하여야 한다. 이러한 접근은 상호합의하에 이루어져야 한다.

3. 협약당사국은 생물다양성의 보전과 지속가능한 이용에 악영향을 미칠 우려가 있는 생명공학에 의하여 유전적으로 변형된 생물체의 이전, 취급 및 사용과 관련하여 사전동의 등을 포함한 적절한 절차를 규정하는 의정서 제정의 필요성을 고려하여야 한다.

4. 각 협약당사국은 직접 또는 위 제3항의 변형된 생명체를 제공하는 권한을 가지고 있는 자연인 또는 법인의 요청시, 변형된 생물체가 도입될 경우 당해 협약당사국에 미칠 수 있는 악영향뿐만 아니라 이러한 생물체의 이용 및 안전규제에 관한 정보를 제공하여야 한다.

제20조 재정지원

1. 각 협약당사국은 자국의 국가계획, 우선순위 및 프로그램에 따라 본 협약 목적달성을 위한 국내활동에 대하여 자국의 능력에 따라 자금지원 및 경제적 유인책을 제공토록 조치하여야 한다.

2. 선진국은 개도국들이 본 협약의 의무사항을 이행하고 이의 이행에 따른 이익을 얻을 수 있도록 신규의 추가적인 자금을 지원하여야 한다. 이러한 비용은 정책, 전략, 계획의 우선순위, 적합성 기준 및 협약당사국 회의에서 결정될 추가비용 산정내역에 따라 선진국과 제21조의 재정기관간에 합의되어야 한다.

- 시장경제로 전환과정에 있는 국가들을 포함한 기타 당사국은 자발적으로 선진국의 의무사항을 이행할 수 있다. 본 조항을 위하여 제1차 당사국 회의에서 선진국과 선진국 의무사항을 자발적으로 이행하고 하는 나라들의 목록을 작성하고 이를 정기적으로 재검토하며 필요시 수정한다.

- 자발적인 자금지원은 장려된다. 자금지원관련 약속이행은 기금 흐름의 시기적 예측의 적정성과 목록에 포함된 국가들 사이의 자금수요의 우선순위를 고려하여 실행되어야 한다.

3. 선진국은 개발도상국에 본 협약의 이행과 관련된 재원을 쌍무적, 지역적 또는 다자간 자금을 통하여 제공할 수 있다.

4. 개도국이 본 협약의 제반규정을 효과적으로 이행할 수 있는지의 여부는 선진국들이 재정지원 및 기술이전에 관한 본 협약 규정의 효과적인 이행여부에 따라 좌우되며, 아울러 경제사회개발과 빈곤의 퇴치는 개도국의 최우선적이며 무엇보다 우선한다는 사실을 충분히 고려하여야 한다.

5. 당사국은 재원과 기술이전에 있어서 극빈개도국의 특수상황과

요구를 충분히 고려하여야 한다.

6. 협약당사국은 개발도상국 특히 군소도서국가내의 생물다양성의 분포 및 그 위치에 대한 특별한 상황을 고려하여야 한다.

7. 건조지역, 해안지역 및 산악지역 등 환경적으로 취약한 국가를 포함한 개발도상국의 특별한 상황도 고려되어야 한다.

제21조 재정기구

1. 본 협약의 목적과 개도국에 대한 양허성 자금지원을 위하여 하나의 기구가 필요하다. 본 기구는 협약당사국 회의의 권한과 지침에 따라 운영되며 협약당사국회의에 책임이 있다. 이러한 원칙하에 제1차 협약당사국회의에서 본 기구의 조직구조가 결정되고 운영되어야 한다. 가입국 회의에서 이러한 자금에의 접근 및 이용과 관련된 정책, 전략, 계획의 우선순위 및 적정기준을 정한다.
기금(contribution)은 가입국회의에서 정기적으로 정하게 될 소요자금규모, 제20조 제2항에 의한 기금제공국간의 부담배분율, 제20조의 규정에 의한 자금흐름의 예측가능성, 적절성 및 적시성 등을 고려하여 결정되어야 한다. 자발적인 기금(Voluntary Contribution)은 선진국, 여타국가 및 여타 자금원에 의하여 조성된다. 본 기구는 민주적이고도 분명한 관리체계하에서 운영된다.

2. 본 협약의 목적에 따라, 당사국은 그 첫번째 회의에서 자금이
   용에 대한 감시 및 평가를 포함하여 자금에의 접근 및 이용의
   적정성을 확보하기 위한 세부기준 및 지침뿐만 아니라 정책,
   전략을 정하여야 한다. 당사국회의는 재정기구의 운영을 맡고
   있는 제도적 기구와 협의하에 제1항이 발효될 수 있도록 하여
   야 한다.

3. 가입국회의는 본 협약발효후 2년이내에, 그 이후는 정기적으
   로 위 제2항의 규정에 의한 기준 및 지침을 포함하여, 본 조
   에 의하여 설립되는 재정기구의 효율성을 검토하여야 한다.
   본 검토를 토대로 필요시, 본 기구의 효율성을 증진시키기 위
   한 적절한 대책을 강구하여야 한다.

4. 협약당사국은 생물다양성의 보전과 지속가능한 이용을 위한 자
   금을 제공하기 위한 현행 재정기구의 강화를 검토하여야 한다.

제22조 다른 국제협약과의 관계

1. 본 협약의 조항들은 현행 국제협정에 따른 각 협약당사국의
   권리 및 의무에 영향을 미쳐서는 아니된다. 다만, 이러한 권
   리 및 의무의 행사가 생물다양성에 심각한 피해 및 위협을 초
   래할 경우에는 예외로 한다.

2. 협약당사국은 각국의 해양법에 의한 권한 및 의무에 따라 해

양환경에 관한 본 협약을 이행하여야 한다.

제23조 당사국 회의

1. 1차 당사국회의는 본 협약발효후 1년이내에 UNEP 사무총장이 소집한다. UNEP당사국회의는 일정한 기간마다 개최되어야 하며, 그 시기는 1차회의에서 정한다.

2. 임시 당사국회의는 회의개최가 필요하다고 인정되거나 또는 당사국의 서면요청이 있을 경우에 사무국에 통고된 후 6개원 이내에 개최된다. 이 경우 가입국의 1/3이상의 찬성이 있어야 한다.

3. 당사국회의는 사무국의 기금운용규칙뿐만 아니라 가입국 회의 및 보조기관의 의사규칙을 합의하에 채택하여야 한다.
정기회의는 다음 정기회의시까지의 회계년도에 대한 예산규모를 정하여야 한다.

4. 당사국회의에서는 본 협약의 이행상태를 재검토하고, 또한 이를 위하여 다음 사항을 이행하여야 한다.
a) 제26조에 따라 제출된 정보전달을 위한 형식 및 기간의 설정, 또한 다른 보조기관에서 제출된 보고서를 포함한 정보의 검토
b) 제25조에 따라 제공되는 생물다양성에 관한 과학기술자문사항의 검토
c) 필요한 경우 제28조에 따른 의정서의 검토 및 채택

d) 필요한 경우 제29조에 따른 본 협약 및 부속서 개정안의 검토
및 채택

e) 부속서를 포함한 의정서 개정안 검토, 개정시 의정서 가입국
에 개정안의 채택권고

f) 제30조에 따라 필요시 본 협약에 대한 추가부속서의 검토 및
채택

g) 본 협약의 이행을 위하여 필요하다고 인정되는 과학, 기술자
문을 위한 보조기관의 설치

h) 사무국을 통하여 적절한 협력방식을 결정하기 위하여 본 협약
에 포괄되어 있는 사항들을 다루기 위한 협약집행기구와의 접촉

i) 협약이행과정에서 얻어진 경험을 토대로, 본 협약의 목적달성
을 위하여 필요하다고 인정될 경우 추가조치 심의, 수행

5. 미(未) 협약당사국과 UN, 전문기관 및 국제원자력기구는 당사
국회의에서 옵저버를 참석할 수 있다. 생물다양성보전과 지속
가능한 이용분야에 자격을 갖춘 정부간 또는 비정부간 기구나
기관이 가입국 회의에 옵저버로서의 참가의사를 사무국에 통
보한 경우, 최소한 출석 당사국 1/3이 반대하지 않는 한 입장
및 참가를 허가하 수 있다. 옵저버의 참가허가 및 회의참석은
가입국회의에서 채택한 의사규칙에 따른다.

제24조 사무국

1. 사무국의 기능은 다음과 같다.

a) 제23조의 규정된 가입국 회의 준비, 지원

b) 의정서에 의하여 부여된 기능의 수행

c) 본 협약에 따른 기능수행에 관한 보고서의 작성 및 가입국 회의에 보고서 제공

d) 다른 관련 국제기구와의 협력, 특히 사무국 기능의 효과적 수행에 필요한 행정약정 또는 계약의 체결

e) 기타 가입국 회의에서 결정된 기능의 수행

2. 당사국회의는 제1차 회의에서 본 협약 사무국의 기능을 수행할 의사를 표명한 자격을 갖춘 기존 국제기구중에서 사무국을 지정한다.

제25조 과학, 기술자문 보조기관

1. 본 협약이행과 관련하여 당사국회의와 기타 다른 보조기관에 시의적절한 자문사항을 제공하기 위하여 과학 , 기술자문을 위한 보조기관을 설립한다.

- 이 기관은 모든 당사국의 참여를 위해 개방되어야 하고 multi-disiplinary이어야 한다. 또한 이 기관에 관련 전문분야에 정통한 정부대표를 포함시켜야 한다. 보조기관은 작업의 모든 사항을 당사국회의에 정기적으로 보고하여야 한다.

2. 당사국회의의 권한과 동 회의에서 결정한 지침에 따라 요청이 있을 경우 이 기관은 다음사항을 이행하여야 한다.

a) 생물다양성 현황의 과학, 기술적 평가의 제공

b) 본 협약이 규정에 따라 수행된 대책별 효과에 대한 과학, 기술적 평가 준비

c) 생물다양성의 보전과 지속가능한 이용과 관련된 혁신적이고 효율적인 기술 및 개발촉진방법 및 수단 자문

d) 생물다양성의 보전과 지속가능한 이용에 관한 연구, 개발에서의 과학적 프로그램 및 국제협력에 관한 자문

e) 협약당사국 및 그 보조기관에 대한 과학, 기술 및 방법론적 질문사항에 대한 대응. 이 기관의 기능, 과업내용, 조직 및 운영에 관한 사항은 당사국회의에서 구체적으로 정한다.

제26조 보고

협약당사국은 당사국회의에서 정한 기간마다 본 협약의 이행을 위하여 취한 대책과 본 협약의 목적을 달성하는데 있어서의 효율성에 관한 보고를 당사국회의에 하여야 한다.

제27조 분쟁의 조정

1. 본 협약의 해석 및 적용에 관하여 협약당사국간에 분쟁이 있는 경우, 관련 당사국은 교섭을 통하여 해결책을 모색한다.

2. 관련 당사국이 교섭을 통하여 합의에 도달할 수 없는 경우 공동으로 제3자의 주선을 모색하거나 또는 중재를 요청할 수 있다.

3. 본 협약의 비준, 수락, 동의 및 가입시 또는 그 이후에 국가 또는 지역경제통합기구는 제1항 및 제2항에 의하여 분쟁이 해결되지 아니한 경우 다음의 분쟁해결방안중 하나 또는 양자를 의무적인 것으로 수락함을 수탁자에게 서면으로 선언할 수 있다.

a) 부속서 Ⅱ 의Part 1의 절차에 따른 중재

b) 분쟁의 국제사법재판소 회부

4. 당사국이 제3항에 따라 동일한 절차나 다른 절차를 수락하지 아니하는 경우, 당사국이 달리 합의하지 아니하는 한 조정에 회부한다.

제28조 의정서 채택

1. 당사국은 협약에 대한 의정서를 채택, 공식화하는데 협력한다.

2. 의정서는 당사국회의에서 채택한다.

3. 사무국은 제안된 의정서의 문안을 최소한 회의개최 6개월 전에 당사국에게 통보한다.

제29조 협약 또는 의정서의 개정

1. 당사국은 협약의 개정안을 제안할 수 있다. 의정서의 개정안은 동 의정서 당사국이 제안할 수 있다.

2. 협약의 개정안은 당사국회의에서 채택한다. 의정서의 개정안은 당해 의정서 가입국회의에서 채택한다. 사무국은 제안된 협약 또는 의정서의 개정안을 의정서가 달리 규정하고 있는 경우를 제외하고 최소한 개정안이 채택될 당사국회의 개최 6개월 전에 당사국에게 통보한다. 또한 사무국은 이 협약서명자에게도 제안된 개정안을 참고로 통보한다.

3. 당사국은 이 협약 또는 의정서 개정안이 콘센서스에 의하여 합의에 도달하도록 모든 노력은 한다. 콘센서스를 위하여 모든 노력을 하였으나 합의에 도달하지 못할 경우, 최종적으로 개정안은 회의에 출석, 투표한 당사국 3분의2의 다수결로 채택하며, 수탁자는 개정안의 비준, 수락 및 승인을 위해 모든 당사국에게 제출한다.

4. 개정안의 비준, 수락 또는 승인은 서면으로 수탁자에게 통고한다.
   - 제3항에 따라 채택된 개정안은 관련 의정서에 달리 규정된 경우를 제외하고 수탁자가 이 협약 또는 의정서 당사국중 최소한 3분의 2로부터 비준서, 수락서 또는 승인서를 기탁한 날로부터 90일부터 개정안을 수락한 당사국간에 발효한다. 개정안은 그 밖의 당사국이 그 이후에 개정안의 비준서, 수락서 또는 승인서를 기탁하는 경우 개정안은 기탁후 90일부터 그 당사국에 대하여 발효한다.

5. 본 조항의 목적상 "출석, 투표한 당사자"라 함은 회의에 출석
   하여 찬성 또는 반대 투표를 행사한 당사국을 말한다.

제30조 부속서의 채택 및 개정

1. 이 협약 또는 의정서의 부속서는 이 협약 또는 의정서의 불가
   분의 일부를 구성하며, 이 협약 또는 의정서가 언급되는 경우
   명시적으로 달리 규정되지 않는 한 이는 동시에 관련 부속서
   도 포함하는 것으로 본다. 이러한 부속서는 절차적, 과학적,
   기술적 및 행정적 사항에 한한다.

2. 의정서가 부속서에 관하여 달리 규정하는 경우를 제외하고,
   이 협약의 추가 부속서 또는 의정서 부속서의 제안, 채택, 발
   효에 대하여는 다음 절차가 적용된다.
a) 이 협약 또는 의정서의 부속서는 제29조에 규정된 절차에 따
   라 제안되고 채택된다.
b) 이 협약의 추가부속서 또는 의정서의 부속서를 받아들일 수
   없는 당사국은 통보받은 날로부터 1년이내에 수탁자에게 서
   면으로 통고한다. 수탁자는 지체없이 접수된 내용을 모든 당
   사국에 통고한다. 당사국은 언제든지 이전의 반대선언을 취소
   할 수 있으며 그 부속서는 그때부터 그 당사국에 대해 아래(c)
   항에 준하여 발효된다.
c) 수탁자에 의해 통지받은 날로부터 1년이 경과하는 즉시, 부속
   서는 (b)항의 규정에 따라 통고서를 제출하지 아니한 이 협약

또는 관련 의정서의 모든 당사국에 대해 발효한다.

3. 이 협약의 부속서 또는 의정서 부속서에 대한 개정안의 제출, 채택 및 발효는 협약의 부속서 또는 의정서 부속서의 제출, 채택 및 발효와 동일한 절차에 준한다.

4. 추가부속서 또는 부속서의 개정이 이 협약 또는 의정서의 개정을 수반하는 경우 이 협약 또는 관련 의정서의 개정안이 발효할 때까지 추가부속서 또는 개정 부속서는 발효되지 아니한다.

제31조 투표권

1. 아래 2항에 규정된 사항을 제외하고, 이 협약 또는 관련 의정서의 당사국은 하나의 투표권을 가진다.

2. 지역경제통합기구는 기구의 권한사항에 대하여 협약 또는 관련 의정서의 당사국이 되어있는 기구 회원국의 수와 동수의 투표권을 행사한다. 통합기구회원국이 투표권을 행사하는 경우, 기구는 투표권을 행사하지 아니하며, 그 반대의 경우도 또한 같다.

제32조 협약과 의정서의 관계

1. 이 협약의 당사국이 아닌 국가 또는 지역경제통합기구는 의정서의 당사국이 될 수 없다.

2. 의정서에 과한 결정은 의정서 관련 당사국에 의해서만 할 수
   있다. 의정서를 비준 수락 승인을 하지 않은 당사국은 관련
   의정서 당사국 회의에 옵서버로 참여할 수 있다.

제33조 서명

이 협약은 1992년 6월 5일부터 6월 14일까지는 리오데자내이로에
서, 1992년 6월 15일부터 1993년 6월 4일까지는 뉴욕의 국제연합
본부에서 모든 국가와 지역경제통합기구의 서명을 위해 개방된다.

제34조 비준, 수락, 승인

1. 이 협약과 의정서는 국가나 지역경제통합기구에 의해 비준,
   수락 또는 승인을 받아야 한다. 비준서, 수락서 또는 승인서
   는 수탁자에게 기탁된다.

2. 제1항에 규정된 기구로서 이 협약 또는 의정서의 당사국이 기
   구는 이 기구회원국이 당사국이 아닌 경우에도 협약 또는 의
   정서에 따른 모든 의무에 구속된다. 이 기구의 하나 또는 그
   이상의 회원국은 경우에 따라 이 협약 또는 의정서에 따른 의
   무를 이행하기 위하여 각각의 책임범위를 결정한다. 이러한
   경우에 기구와 기구의 회원국은 이 협약 또는 관련 의정서에
   따른 권리를 동시에 행사할 수 없다.

3. 제1항에 규정된 기구는 이 협약 또는 관련 의정서가 규율하는

사항에 관하여 비준서, 수락서 또는 승인서에서 기구의 권한
범위를 선언한다 이 기구는 또한 권한범위의 변동사항에 관하
여 수탁자에게 통보한다.

제35조 가입

1. 이 협약 및 의정서는 협약 혹은 관련 의정서에 대한 서명이
   마감된 날로부터 모든 국가와 지역경제통합기구의 가입을 위
   해 개방된다. 가입서는 수탁자에게 기탁한다.

2. 제1항에 규정된 기구는 이 협약 또는 관련 의정서가 규율하는
   사항에 관하여 가입서에 기구의 권한범위를 선언한다. 이 기
   구는 또는 권한범위의 변동사항에 관하여 수탁자에게 통보한다.

3. 제34조 제2항의 규정은 이 협약 또는 의정서에 가입하는 지역
   경제통합기구에 적용된다.

제36조 발효

1. 이 협약은 30번째 비준서, 수락서, 승인서 또는 가입서의 기탁
   일부터 90일이 되는 날부터 발효한다.

2. 의정서는 동 의정서에서 규정한 30개의 비준서, 수락서, 승인
   서 또는 가입서를 기탁한 날로부터 90일째 되는 날 발효한다.

3. 30번째의 비준서, 수락서, 승인서 또는 가입서 기탁후 이 협약을 비준, 수락, 승인 또는 가입하는 당사자에 대하여 협약은 그 당사국의 비준서, 승인서 또는 가입서를 기탁한 후 90일째 되는 날부터 발효한다.

4. 의정서는 의정서가 달리 규정하고 있는 경우를 제외하고는 제2항에 따라 의정서 발효후에 의정서는 비준, 수락, 승인 또는 가입하는 당사자에 대하여 비준서, 수락서, 승인서 또는 가입서를 기탁일 후 90일부터 발효되거나 그 당사자에 대하여 협약이 발효하는 날 가운데 더 늦은 날로부터 발효한다.

5. 제1항 및 제2항의 목적을 달성하기 위해 지역경제통합기구가 기탁하는 문서는 기구의 회원국이 기탁하는 문서에 추가되는 것으로 간주되지 않는다.

제37조 유보

이 협약에 대하여는 어떤 유보도 할 수 없다.

제38조 탈퇴

1. 당사국은 이 협약이 그 당사국에 대해 발효한 날로부터 2년후에는 언제든지 수탁자에게 서면통고함으로써 협약으로부터 탈퇴할 수 있다.

2. 탈퇴는 수탁자의 탈퇴통고접수 후 1년이 경과하는 즉시 또는
   탈퇴통고에 그 이후의 날짜가 정해진 경우 그날로부터 효력이
   발생한다.

3. 협약으로부터 탈퇴하는 당사국은 당사국으로 되어있는 모든
   의정서로부터도 탈퇴한 것으로 본다.

제39조 임시 재정 조치

제21조의 요구사항에 따라 완전히 재구성된 재정체계가 있는 경우에는 이 협약이 발효되어 최초 당사국회의가 개최될 때까지, 또는 당사국회의에서 제21조에 따라 선정될 제도적인 재정체계를 지정할 때까지, 유엔개발계획(UNDP), 유엔환경계획(UNEP), 재건과 개발을 위한 국제은행(IBRD)의 지구환경기금(GEF)이 잠정적으로 제21조에 규정된 제도적 재정체계가 된다.

제40조 임시 사무국

유엔환경계획(UNEP) 사무총장이 지명하는 사무국장은 이 협약이 발효되어 최초 가입국회의가 개최될 때까지 잠정적으로 제24조 제2항의 규정에 의한 사무국이 된다.

제41조 수탁자

국제연합 사무총장은 이 협약과 의정서의 수탁자 기능을 수행한다.

제42조 정 본

아랍어, 중국어, 영어, 불어, 러시아어 및 스페인어 본이 등등하게 정본인 이 협약의 원본은 국제연합사무총징에게 기탁된다. 이상의 증거로 정당하게 권한을 위임받은 아래의 서명자가 이 협약에 서명하였다. 1992년 6월 5일 리우데자네이로에서 작성되었다.

부속서 I

조사와 감시

1. 생태계와 서식지: 사회, 경제, 문화, 과학적 가치가 있거나 진화 또는 생태계 작용에 관련이 있는 지역종, 멸종위기종, 야생종, 이동종

2. 생물종과 사회: 의학, 농업, 기타 경제적 가치, 사회, 과학, 문화적 가치가 있거나 생물다양성보전과 지속적 이용의 연구를 위하여 중요한 양육종들의 계보

3. 사회, 과학, 경제적 가치가 있는 유전자원]

부속서 Ⅱ

제1부 중재

제1조

중재신청당사국은 제27조에 의거 사무국에 협약이나 의정서의 해당 조문, 문제가 된 부분의 해석이나 적용 등을 포함한 중재의 주요사항을 통고하여야 한다. 분쟁이 당사국간 협상에 의해 해결되지 않은 경우 중 재위원회에서 해결하여야 한다. 사무국은 협약 또는 의정서 가입국들이 인정한 중재내용 관련 정보를 제공할 것이다.

제2조

1. 두개의 당사국간의 분쟁에서 중재위원회는 각 당사국에 의하여 임명된 위원과 이 위원들이 공동으로 선출한 의장 등 3인으로 구성된다. 이렇게 선출된 의장은 분쟁당사국의 국적을 가져서도 안되고 그곳에 거주해서도 안되며 당사자 일방에 의해 고용되어서도 안되고 다른 곳에서 이러한 사건을 다룬 적도 없어야 한다.

2. 둘 이상 당사자간 분쟁에서는 이해관계가 같은 당사자들이 공동으로 한 명의 중재위원을 임명한다.

3. 기타 중재위원회 구성은 둘 당사국간 분쟁과 동일하다.

제3조

1. 중재위원회 의장이 두번째 중재위원이 임명된 후 2개월 이내에 선출되지 않을 경우 UN 사부총상은 낭사국 일빙의 요청에 의하여 향후 2개월 이내에 의장을 선출한다.

2. 당사국 일방이 중재위원 임명요구를 접수한 후 2개월 이내에 위원을 임명하지 않을 경우 다른 당사자는 사무총장에게 향후 2개월 이내에 위원을 선출하도록 요구할 수 있다.

제4조

중재위원회는 이 협약규정, 관계의정서, 기타 국제법에 의거 중재결정을 한다.

제5조

분쟁 당사자들이 동의하지 않는다면 중재위원회는 자체적으로 진행규칙을 결정한다.

제6조

중재위원회는 당사국 일방의 요청에 의한 중재진행중에 보완 조치를 취할 것을 권장할 수 있다.

제7조

분쟁 당사국은 모든 관련서류, 정보, 시설제공, 필요시 증인 또는
전무가 소환 및 증언 등 중재위원회의 중재가 원활히 이루어지도
록 지원하여야 한다.

제8조

당사자들과 중재위원들은 중재 진행중에 받은 정보원을 보호해
야 할 의무가 있다.

제9조

중재위원회가 분쟁사건의 특수한 상황으로 결정을 못한다면 중재에
소요된 비용은 분쟁 당사자들이 동등하게 부담한다. 위원회는 모든 소
요비용을 기록하고 분쟁당사자들에게 최종 관련서류를 제공한다.

제10조

중재결정에 의하여 영향을 받을 수 있는 분쟁내용의 법적 성격
에 관심이 있는 가입국은 중재위원회의 동의하에 중재과정에 관여
할 수 있다.

제11조

중재위원회는 분쟁내용으로부터 직접적으로 제기된 반대의견(반

소)을 듣거나 이에 대한 중재결정을 할 수도 있다.

제12조

중재절차나 내용에 대한 결정은 다수결에 의한다.

제13조

당사국 일방이 중재위원회에 나타나지 않거나 변론을 하지 못할 경우 다른 당사국은 위원회에 중재를 계속 진행하여 재정을 하도록 요청할 수 있다. 최종 결정을 내리기 전에 중재위원회는 그것이 사실과 관계법에 근거했는지를 확인해야 한다.

제14조

중재위원회는 시간제한을 초과해야 할 필요가 없는 한 위원회 구성 후 5개월 이내에 최종 결정을 한다.

제15조

중재위원회의 최종 결정은 분쟁내용 한정, 분쟁이유 설명,참여위원명단, 최종 결정날짜 등을 명시한다. 어떤 중재위원이 최종 결정에 동의하지 않는다면 최종 결정서에 반대의견을 덧붙일 수 있다.

제16조

재정결정은 분쟁 당사자들을 구속하며 당사자들이 사전에 항소 절차에 동의하지 않는다면 항소할 수 없다.

제17조

당사자들간에 중재위원회의 최종 결정에 대한 해석이나 이행수 단에 대하여 논쟁이 있을 경우 각각의 당사자들에 의해 중재위원 회에 중재 요청을 할 수도 있다.

제2부 조정

제1조

조정위원회는 분쟁 당사국들 일방의 요구에 의하여 설립되며 위 원회는 각각의 당사국들에 의해 임명된 4명의 위원과 이 위원들이 공동으로 선출한 의장 등 5명으로 구성한다.

제2조

당사국간 분쟁에서는 같은 이해관계를 가진 당사국들이 공통으 로 위원을 임명한다. 이해관계가 다를 경우 개별적으로 위원을 임 명한다.

제3조

당사자들에 의한 위원임명이 조정위원회 구성을 요구한 후 2개
월 이내에 이루어시시 않으면 딩사국 일방의 요구에 익하여 UN사
무총장이 향후 2개월 이내에 위원을 임명한다.

제4조

조정위원회 의장이 마지막 위원이 임명된 후 2개월 이내에 선출
되지 않을 경우 당사국 일방의 요구에 의하여 UN 사무총장이 향
후 2개월 이내에 의장을 선출한다.

제5조

조정위원회 결정은 다수결 원칙에 의하며 분쟁 당사국들이 동의
하지 않더라도 그 자체절차를 정한다. 그리고 분쟁의 조정안을 제
시한다.

제6조

조정위원회가 권한이 있는지 여부에 대한 논쟁은 당사국회의에
서 결정된다.

신영철 ————————————————————————————————

▌약 력

서울대학교 경제학과와 동대학원에서 학사·석사·박사학위를 받았다. 2001년 미국의 미래 자원연구소(Resources for the Future) 및 2008년 호주 Monash대학교의 정책연구센터(Centre of Policy Studies)에서 연구의 기회를 가졌다. 현재는 대진대학교 디지털경제학과 교수로 재직하고 있다.

▌주요 논문

주요 관심분야는 환경자원경제학이며 환경자원의 가치평가, 사업 및 정책의 경제성 분석 및 성과 분석 등이다.

주요 논문에는 「석회석 광산에 의한 산림 피해의 비용 추정」(2009), 「질병예방행위 분석을 통한 확률적인간생명가치 추정」(2008), 「Estimating Values of Statistical Lives using Choice Experiment Method」(2007), 「황사로 인한 피해비용 추정」(2005), 「생태자연도 1등급지의 경제적 가치 추정」(2005) 등이 있다.

생물다양성의 경제적 가치 평가

초판인쇄 | 2010년 2월 26일
초판발행 | 2010년 2월 26일

지은이 | 신영철
펴낸이 | 채종준
펴낸곳 | 한국학술정보㈜
주 소 | 경기도 파주시 교하읍 문발리 파주출판문화정보산업단지 513-5
전 화 | 031) 908-3181(대표)
팩 스 | 031) 908-3189
홈페이지 | http://www.kstudy.com
E-mail | 출판사업부 publish@kstudy.com
등 록 | 제일산-115호(2000. 6. 19)

ISBN   978-89-268-0841-2 93320 (Paper Book)
        978-89-268-0842-9 98320 (e-Book)